DEM GEIST JESU FOLGEN

NORBERT BAUMERT

DEM GEIST JESU FOLGEN

– Anruf und Unterscheidung –

VIER-TÜRME-VERLAG · MÜNSTERSCHWARZACH

CIP-Titelaufnahme der Deutschen Bibliothek
Baumert, Norbert:
Dem Geist Jesu folgen : Anruf u. Unterscheidung / Norbert Baumert. –
Münsterschwarzach : Vier-Türme-Verlag, 1988.
ISBN 3-87868-375-8

Gesamtherstellung:
Benedict Press, Münsterschwarzach

ISBN 3-87868-375-8

INHALT

Zu diesem Buch

„Folge mir nach!" Bestimmt und eindeutig steht dieses Wort Jesu am Anfang des Weges seiner Jünger. Die Angesprochenen konnten nicht zweifeln, daß sie gemeint waren. Im Mitgehen mit dem Meister erkannten sie in ihm den Gesalbten Gottes, den Retter der Welt.
Wer diesen Ruf einmal in seinem Leben vernommen hat, kommt nicht mehr davon los. Er ist gezeichnet und weiß in seinem Tiefsten, daß es nur diesen einen Weg des Lebens gibt: Freundschaft Jesu! Dann beginnt ein Ringen im Menschen und er sucht Hilfen in dem geistlichen Kampf. Er findet sie in den Worten der Heiligen Schrift, im Wirken Gottes in der Geschichte der Christenheit und in den Regungen des Heiligen Geistes in seinem eigenen Herzen.
Dieses Buch will solche Hilfen nahebringen. Sie sind herausgewachsen aus dem Leben mit dem Wort Gottes in unserer Ordensgemeinschaft und in Exerzitien, aus der Arbeit in Pfarrgemeinden und in jahrelangen Prozessen innerhalb der Charismatischen Erneuerung. Die Beiträge sind wohl geprägt durch die ursprüngliche Entstehungssituation,[1] aber bieten doch zusammenhängende Hilfen für grundlegende Fragen des Lebens mit Gott.

[1] Die einzelnen Texte wurden erstmalig veröffentlicht:
„Schläfer, wach auf", Teil 1 in: Der Auftrag 25., Okt. 1987, S. 24 f. – Zu Teil 2: Begründung der hier vorgelegten Übersetzung von Eph 5,16 in: Baumert, N., Ehelosigkeit und Ehe im Herrn. Eine Neuinterpretation von 1 Kor 7. fzb 47, Echter: Würzburg ²1986, 439f. – Teil 3 in: Beten im Alltag, hrsg. v. action 365, Kennedyallee 111a, 6 Frankfurt 70.
„Jesus, führe mich durch dein Leben und dein Wort." Teil I: Vortrag auf dem Katholikentag, München 1984. Erschienen im Dokumentationsband zum Katholikentag. Ferner in: Rundbrief (s.u.) 2/1985, 18–23.
„Geist Gottes, gestalte mein Leben": Vortrag auf dem Regionaltreffen der Katholischen Charismatischen Gemeinde-Erneuerung in Mainz, 15–17. 6.85. – Erschienen in: Rundbrief für charismatische Erneuerung in der katholischen Kirche 3/1986, 4–8. Erhältlich: Kommunikationsdienst für CE, Fam. Ritter, Innstr. 16, 8390 Passau.
„Unterscheide die Geister": bisher unveröffentlicht.
„Jesus, heile mich." In: Korrespondenz zur Spiritualität der Exerzitien Nr. 49, 34. Jahrg., 1984: „Heilung – ein Aspekt des Exerzitiengeschehens" 32–47. – Erhältlich: Sekretariat SJ für Gemeinschaften Christlichen Lebens, Sterngasse 3, 8900 Augsburg.

Nach einem kurzen Blick auf das erweckende Handeln Gottes folgen Hinweise für das Leben mit dem Heiligen Geist und mit dem Wort Gottes in der Schrift. Dann fragen wir nach seiner „Führung". Viele werden verunsichert, wenn andere so sicher behaupten, daß sie sich von Gott zu diesem oder jenem gerufen wissen. Wie läßt sich Wunschdenken davon unterscheiden? Wie erkenne ich selbst die Führung Gottes in meinem Leben? Ignatius v. Loyola gibt uns in seinen „Regeln zur Unterscheidung" eine bewährte Hilfe, die auf den folgenden Seiten entfaltet wird. Zum Schluß wird eine spezielle Frage aufgegriffen, die viele beunruhigt: Man hört immer wieder von Heilungen, aber auch von einer Verkündigung, die solche „Zeichen und Wunder" so in den Vordergrund zu schieben scheint, daß manche sich unter Druck gesetzt fühlen. Was sagt die Schrift dazu? Wie muß christliches Bittgebet grundsätzlich aussehen? Wieder werden wir auf das Wort und die Person Jesu verwiesen.

„Folge Mir nach!" Nur einer kann so sprechen.

1. SCHLÄFER, WACH AUF!

1.1. „Erweckung" – ein weltweites Ereignis

Daß wir eine „Erweckung" brauchen, ist keine Frage, mag auch das Wort katholischen Christen ungewohnt sein. Wann und wie Gott die Menschheit wachrüttelt, liegt zuerst in seinem Heilswillen; aber wir müssen für ihn bereit sein. Ich vermeide es darum, „Prognosen" zu stellen; sie entspringen menschlichem Wunschdenken. Aber wir müssen mit ganzer Kraft mittun an dem Werk, das Gott uns heute anvertraut, und da gibt es manchen prophetischen Hinweis. So „wage ich nur von dem zu reden, was Christus unter uns bewirkt hat" (Röm 15,18).

Afrika und einige Länder Asiens, besonders Korea, stehen in einem Aufbruch, dessen Ausmaß kaum zu überschätzen ist. Die Heilige Schrift steht im Mittelpunkt lebendiger Zellen des Glaubens und des täglichen christlichen Lebens. Und seit dem Rundschreiben Papst Pauls VI. „Über die Evangelisierung in der Welt von heute" (1975) spricht man nicht nur in vielen Ländern davon, sondern ist in der katholischen Kirche viel in Bewegung gekommen.

Nur wenn wir all dieses Wirken des Heiligen Geistes dankbar wahrnehmen, wird jeder seinen Anteil richtig erkennen, den Gott ihm zugewiesen hat oder zuweisen will. In dem charismatischen Aufbruch zum Beispiel sehe ich ein die Konfessionen übergreifendes Wirken des Heiligen Geistes, in dem Gott selbst in einer sehr deutlichen Weise die Initiative ergriffen hat. Eine Bewegung kann aber nur gesund wachsen, wenn sie dem Prinzip treu bleibt, nach dem sie angetreten ist. Darum wäre es besonders gefährlich, innerhalb dieses Aufbruchs menschlichen Aktivismus oder eigene Wunschbilder zum Ausgangspunkt unseres Handelns zu machen. Wir müssen vielmehr stets ganz eng auf der Spur bleiben, die Gott führt.

Ich habe das Vertrauen, daß Gott noch weitere Überraschungen bereithält. Aber weil es Überraschungen sind, kann ich diese nicht nennen. Was ich jedoch in den Jahren meines geistlichen Dienstes, der von Anfang an stark ökumenisch geprägt war, sehe ist dies:

Christsein beruht heute mehr denn je auf der persönlichen Beziehung des einzelnen zu Gott und wird nicht mehr so stark durch Tradition und christliches Milieu getragen. Zugleich braucht der einzelne, der „wach geworden“ ist, die lebensvolle Gemeinschaft. In den theologischen Überlegungen zur Seelsorge mehren sich die Stimmen: „Die Pfarrgemeinde muß eine Gemeinschaft von Gemeinschaften sein.“ Und die kleine christliche Gemeinschaft, die Zelle, muß stets in lebendigem Austausch mit dem ganzen Organismus „Kirche“ stehen, sonst kann sie sich nicht gesund entwickeln und würde zugleich schuldig an dem Leib, in dem sie eine einmalige, von Gott zugeteilte Aufgabe hat (1 Kor 12).

Gesundes Wachstum geschieht also in einem ständigen „Geben und Nehmen“: die einzelnen Zellen der neuen geistlichen Bewegungen bezeugen ihren Glauben in die Gemeinden hinein, empfangen aber zugleich Stütze und Halt durch gewachsene Strukturen, das heißt für uns Katholiken auch: durch die Lehre der Kirche, wie sie durch die Geschichte hindurch entwickelt und vom II. Vatikanischen Konzil neu gesagt wurde, sowie durch das geistliche Leben, in dem Christus selbst seine Kirche seit zweitausend Jahren leitet.

Doch sehe ich die Pläne und Ziele Gottes noch weiträumiger. In seinem Werk der Rettung der ganzen Welt ist Gott – das Leben – dabei, die Kirche neu tauglich zu machen für dieses Leben. Wir stehen längst in einem weltweiten Prozeß, in dem die *ganze* Christenheit, die Gesamtheit aller Glaubenden in den verschiedenen Konfessionen, wieder zu *einem* lebendigen Leib geformt werden soll. Dieser Prozeß des Zusammenwachsens ist schmerzlich und hoffnungsvoll zugleich. Das Konzil sah darin ein „Werk des Heiligen Geistes“.

Die Einheit der Konfessionen ist nur möglich aufgrund der Einheit der Herzen. Diesen Erneuerungsprozeß der Christenheit hat Gott offensichtlich heute mit einer „Erweckung“ verknüpft, die sich für mich in drei Schwerpunkten ereignet:

1) Verlebendigung der Christen innerhalb der bestehenden kirchlichen Gemeinschaften; sie geben auf vielfache Weise Lebensimpulse in die Gemeinden hinein.
2) Die Erneuerung des Lebens mit Gott geschieht nicht ohne Austausch mit dem, was Gott in anderen Lebenden tut. So sind die Konfessionen aufeinander verwiesen. Wir wachsen nur, wenn

wir die Einheit sehen, die in der Taufe auf Jesus Christus begründet ist.

3) Zugleich werden heute viele Menschen außerhalb der verfaßten Kirchen von Gottes Geist neu berührt (vgl. Lk 9,49f). So scheint mir, daß Gott seinem Volk heute auch durch viele Menschen zu Hilfe kommt, die er aus dem „kirchlichen Niemandsland" erweckt.

Diese drei Pole gehören zusammen. Halten wir die Spannung aus, die damit gegeben ist? Manche haben den Eindruck, sie würden zwischen diesen Blöcken zerrieben. Aber im Römischen Kirchenrecht heißt es: „Das höchste Gesetz ist das Heil der Menschen". Wenn also Gott neues Leben schenkt, stehen wir vor der Frage: Lassen wir die anderen „auf der Straße stehen?" In welches Haus führt sie Gott? Er fängt nicht noch einmal am Nullpunkt an; er möchte aber das alte Haus renovieren und vielleicht auch manches umbauen! Und er ruft nicht erst dann Menschen hinzu, wenn alles fertig ist, sondern holt sie jetzt herbei, damit sie beim Umbau helfen.

Die Christen mit einer langen „Tradition" müssen lernen, ohne Selbstherrlichkeit und Stolz solchen, die neu hinzukommen, Raum zu lassen. Die Neugerufenen aber werden langsam lernen, welchen Platz ihnen Gott in der Gemeinschaft der Glaubenden zuweist. Wie die Kirche aufgebaut ist „auf das Fundament der Apostel und Propheten" (Eph 2,20), so braucht es nicht nur den prophetischen Erweckungsprediger, sondern auch die Einbindung in das lebendige Ganze der apostolischen Kirche. Das Salböl des Geistes braucht ein Gefäß, das Gott bereitet hat; die Liebe ist stets an die Wahrheit gebunden, das prophetische an das apostolische Amt! So führt jede Erweckung zu einem lebenslangen Prozeß des Wachstums, bei dem weitere Erkenntnisse und Erfahrungen mit Gott hinzukommen müssen. Denn Gott will alle zu einem Leib zusammenfügen.

Ich beobachte bei diesem Prozeß immer wieder, wie Gott die Gaben verschieden verteilt. Haben manche einen besonderen Auftrag, Menschen zu „wecken", so bedarf es noch vieler anderer, bis die betreffenden zu einer reifen, beständigen Gestalt des Christseins gefunden haben. Der Katholikentag in Aachen 1986, der Evangelische Kirchentag in Frankfurt und das gleichzeitige Nationaltreffen der Katholischen Charismatischen Gemeinde-Erneuerung in Friedrichshafen 1987 sind zusammen mit vielen anderen geistlichen Be-

wegungen Zeichen dafür, daß in der Kirche frisches, pulsierendes Leben da ist.
Stehen wir nicht in einem Gnadenjahr des Herrn? Die belgischen Bischöfe schrieben 1979: „Der Geist weht wo er will. Es gibt Stunden in der Geschichte, wo er mit besonderer Kraft wirkt. Die Charismatische Erneuerung, die kein Monopol auf den Geist beansprucht, ist eine Gnade, die in unseren Tagen angeboten ist."[2] So ist die Charismatische Erneuerung selbst ein „Charisma", d.h. eine unter vielen Gaben, die Gott seinem Volke schenkt.

Papst Paul VI. schrieb im Jahr 1975: „Wir erleben in der Kirche einen Zeitabschnitt, der in besonderer Weise vom Geist Gottes gekennzeichnet ist", und er rief am Ende diese seines Schreibens „Über die Evangelisierung in der Welt von heute" dazu auf, „am Vorabend des dritten Jahrtausends des Christentums" eine große seelsorgliche Initiative zu ergreifen, deren „grundlegenden Gedanken die Verkündigung des Evangeliums darstellen möge" (Nr. 75 und 81). Papst Johannes Paul II. hat diesen Gedanken aufgegriffen und unter dem Stichwort „Evangelisation 2000" für die letzten 10 Jahre zu einer Dekade der Evangelisation ermutigt. Parallel dazu gehen viele Christen in anderen Konfessionen einen ähnlichen Weg.

Manchmal wirkt Gottes Geist durchdringend und unmißverständlich wie in einem Fanfarenstoß, damit die Schlafenden wach werden. Aber viele werden auch leise geweckt. Wehe, wenn sie dann auf den Fanfarenstoß warten und dabei die Zeit der Gnade verschlafen. „Heute, wenn ihr seine Stimme hört, verhärtet euer Herz nicht." (Ps 95,7f).

1.2. Der Weckruf

Eph 5,14: Wach auf, du Schläfer,
und steh auf von den Toten,
und Christus wird dir aufleuchten!

[2] Die Charismatische Erneuerung – Ihre pastorale Bedeutung, deutsch in: „Rundbrief" 2/1980 (s.o. Anm. 1,3) 17–22. – Original als Broschüre bei LICAP, 1 rue Guimard, B 1040 Bruxelles; ferner in: McDonnell, K., Presence, Power, Praise, II, Collegeville, Minnesota USA: The Liturgical Press 1980.

So lautet ein altes Tauflied, das uns im Epheserbrief überliefert wird. Es ist gesprochen zu Menschen, die als Erwachsene zum ersten Mal von Christus gehört haben und nun in der Taufe sich zu ihm als dem Herrn ihres Lebens bekannt haben. Das Lied deutet diesen Vorgang als eine „Erweckung", eine Auferstehung aus den Toten. Haben wir jemals so unsere Begegnung mit Jesus Christus erlebt? Wenn der Apostel uns dazu aufruft, dürfen wir Christus auch darum bitten, uns aus unserem Grab herauszuholen in sein unzerstörbares Leben und in sein unvergleichliches Licht. Wenn dies geschieht, müssen wir sehr aufmerksam sein:

Eph 5,15–17: Schaut also genau zu, wie ihr euer Leben führt,
nicht wie Toren, sondern wie Weise,
indem ihr die günstige Gelegenheit voll ausnutzt,
denn die Zeiten sind schlecht.
Darum werdet nicht töricht (seid nicht dumm),
sondern versteht, was der Wille des Herrn ist.

Worin liegt die „Genauigkeit", die der Apostel hier fordert? Die lebendige Begegnung mit Jesus ist ein so kostbares Geschenk, daß ein ganz waches Herz gefordert ist, damit wir es nicht verfehlen. Paulus gebraucht hier ein Bild aus der Alltagssprache. Wer auf den Markt geht – heute würden wir sagen: ins Kaufhaus –, der schaut sich die Preise genau an. Und wenn eine Sache günstig angeboten wird, da greift er zu! Und wenn es sich nahelegt, dann kauft er das ganze Sonderangebot auf! Daraus entwickelte sich die Redewendung: „Das Sonderangebot aufkaufen", die allmählich die übertragene Bedeutung annahm: Einen Vorteil wahrnehmen. „Nutzet die Chance voll aus, denn die Zeiten sind schlecht." Offensichtlich war es schon immer üblich, über „schlechte Zeiten" zu klagen. Sind damit ursprünglich wirtschaftliche Rückgänge und teure Preise gemeint, so wird beides hier zum Bild für die Christusbotschaft: Nehmt das Angebot des Auferstehungslebens in vollem Umfang wahr! Haltet euch an Christus, den Auferstandenen, denn alle Philosophien und sonstigen Religionen können euch nicht wirklich das Heil schenken! Darin also liegt die „Klugheit", die Wachsamkeit und „Genauigkeit" des Christen: Nichts von diesem Angebot vertun, sondern achtsam mit diesem Leben umgehen.

Auf einmal bekommt dieser Text einen ganz anderen Sinn, als wir gewohnt sind.[3] Die übliche Übersetzung: „Kaufet die Zeit aus" machte ja immer Kopfzerbrechen. Wie kann man denn „Zeit aufkaufen"? Man deutete es oft so, als ob der Christ jede Minute gut ausnützen müsse und fand somit darin eine Aufforderung zu einer intensiven Anstrengung. Aber der Herold, der hier vom Schlaf aufweckt, treibt ja nicht zur Arbeit an, sondern verkündet uns Licht und Auferstehung als das überraschende, einmalige Geschenk Gottes. Das ist auch der Inhalt des „Willens" Gottes: Er will für uns, was für uns gut ist und was ihm darum gefällt. Versteht also, daß Gottes Wille euer Heil und eure Rettung ist, indem er euch mit seinem Heiligen Geist erfüllt!

Weil er den Menschen so stark bewegt, daß Außenstehende meinen können, er sei betrunken – wir denken an Pfingsten: Apg 2,13 –, wehrt Paulus ab:

Eph 5,18–20: Und berauscht euch nicht mit Wein
– darin liegt Ausschweifung –,
sondern laßt euch erfüllen im Geist,
so daß ihr in euch Psalmen, Hymnen und geistgewirkte Gesänge aufsteigen laßt,
in eurem Herzen dem Herrn singt und jubelt
und allezeit im Namen unseres Herrn Jesus Christus Gott dem Vater für alles danksagt.

Das „Sonderangebot" Gottes in Christus ist demnach der Heilige Geist! Mit Christus „erweckt werden" heißt also, von Seinem Geist erfüllt werden! Es ist selbstverständlich, daß der Mensch das nicht von sich aus bewirken, sondern nur von Gott empfangen kann. Wozu Paulus uns also aufruft, ist: Habt Zutrauen zu Christus und öffnet euch ihm, so daß sein Geist in vollem Maße euch erfüllen kann. Welche „Fülle" er euch dann schenkt, ist seine Sache, aber seid gewiß, daß er euch nicht zu kurz kommen läßt.

Setzen wir nicht oft Gott enge Grenzen und trauen ihm nicht zu, daß er es gut mit uns meint? Dann sind unsere Herzen verschlossen und bleiben im Todesschlaf. Es ist ein eigenartiges Ineinander von göttlichem Geschenk und menschlicher Freiheit: Erkennt die Chance, die

[3] Zur Begründung vgl. o. Anm. 1, erster Absatz.

Gott uns in Christus angeboten hat, und laßt euch voll darauf ein. Gott wird euch zwar wecken, aber nicht zwingen. Er achtet eure Freiheit, ob ihr das Geschenk annehmen wollt. Darum seid doch nicht „dumm“ und laßt euch diese einmalige Gelegenheit nicht entgehen! Wenn ihr ‚ja’ sagt zu dem Geschenk seines Geistes, dann wird dieser Geist zum Lied der Liebe in euren Herzen. Ihr werdet Jesus und den Vater lieben und in ihm alle Menschen. Und im Namen Jesu wird euch alles zu einem Grund des Dankes werden, selbst Dinge, die euch zunächst erschrecken. Aber wenn ihr begreift, daß Jesus in seinem Kreuz euer Kreuz mitträgt, dann könnt ihr nicht anders, als Gott zu danken.

Dadurch aber beginnt bereits die Auferstehung, die am Jüngsten Tag vollendet werden wird.

1.3. Der Tag bricht an

Damit jenes „Letzte Erwachen“ also kein schreckliches, sondern ein freudiges Erwachen werden kann, mahnt Paulus an einer anderen Stelle:

1 Thess 5,1–6: „Über Zeit und Stunde, Brüder, brauche ich euch nicht zu schreiben. Ihr selbst wißt genau, daß der Tag des Herrn kommt wie ein Dieb in der Nacht. Während die Menschen sagen: Friede und Sicherheit!, kommt plötzlich Verderben über sie wie die Wehen über eine schwangere Frau, und es gibt kein Entrinnen. Ihr aber, Brüder, lebt nicht im Finstern, so daß euch der Tag nicht wie ein Dieb überraschen kann. Ihr alle seid Söhne des Lichts und Söhne des Tages. Wir gehören nicht der Nacht und nicht der Finsternis. Darum wollen wir nicht schlafen wie die anderen, sondern wach und nüchtern sein.“

Der Text gibt uns einige Fragen auf: Das Wort „Tag“ scheint in Vers 2 und in Vers 5 nicht den gleichen Sinn zu haben. Was meint Paulus in Vers 5? – Vers 3 spricht vom unbedachten Reden von „Frieden“; sind mir Beispiele aus der „kleinen Politik“ meines Alltags, aus der „großen Politik“ der Welt bekannt? – Was bedeutet Vers 6 für mich: „nicht schlafen, sondern wach sein“?

Eine merkwürdige Problematik. Wohl keiner von uns macht sich Sorge um „Zeit und Stunde“, so daß er darüber eine „apostolische Belehrung“ brauchte. Man kann den Anfang auch übersetzen: „Über die Zeiten und Umstände“, also die Situationen und Gelegenheiten in denen sich die Wiederkunft des Herrn ereignet. Vielleicht stutzen wir auf einmal und fragen, was Paulus wohl hier mit dem „Tag“ gemeint hat. Denkt er nur an den Tag X, an dem die Weltgeschichte ihr Ende findet und „der Tod nicht mehr sein wird“ (Offb 21,4)? Dieser Tag kommt „wie ein Dieb in der Nacht“, und es hat keinen Sinn, ihn berechnen zu wollen. Hier hilft nur eines: Ständig bereit sein und die „Alarmanlage“ eingeschaltet lassen. Hand aufs Herz: Sind wir bereit, ihm noch heute endgültig gegenüberzutreten?

Wir merken, das Wort von dem kommenden Herrn wird transparent, durchsichtig auf viele Anwendungsmöglichkeiten in unserem Leben. Und auf einmal ist es nicht mehr merkwürdig, daß diese junge Gemeinde in Thessalonich sich darum Gedanken macht. Wenn ich zu jemand eine enge innere Beziehung habe, dann warte ich jeden Tag, ob ich ihn sehen kann. Dann kreisen meine Gedanken um ihn und suchen eine Verbindung herzustellen – durch Besuche, Briefe oder Telefon. Und im Innersten hoffe ich, er möchte einmal „unverhofft“ kommen. So geht es uns Christen mit dem Herrn.

„Christus, du bist der helle Tag“, beginnt ein alter Hymnus. Auf einmal ist der Termin des „Tages X“ gar nicht mehr wichtig, weil das, was sich da ereignen wird, bereits jetzt immer wieder in mir Wirklichkeit wird, so daß dann jener Tag ein Tag wie jeder andere sein wird, mich also nicht mehr „wie ein Dieb überraschen kann“. Dem Ungewissen der Zukunft ist der Schrecken genommen, weil wir „nicht mehr der Finsternis gehören“, sondern in Seinem Licht leben. Ein völlig verändertes Lebensgefühl!

Paulus führt also von der Peripherie zur Mitte, von der Sensation des Weltuntergangs hin zu dem großen Geschehen, das sich in der persönlichen Begegnung mit Christus Tag für Tag ereignet. Und vielleicht sind wir hellhörig geworden auf die einfachen Erlebnisse jedes „Tages“: Wenn wir völlig abgeschafft sind oder ratlos vor den Problemen des Berufs und der Familie stehen, wissen wir auf einmal, daß Einer diese Probleme mitträgt und eine Antwort weiß. Manchmal spüre ich vielleicht eine innere Sicherheit, die Festigkeit im

Glauben, daß Gott auch die Geschichte unserer Zeit trägt: dann wird es „Tag“ in mir, dann wenn ich mich zum Gebet sammle und plötzlich weiß: Ich bin nicht allein.

Wie sich das Licht in der Morgendämmerung langsam und sicher durchsetzt und der Tag das Dunkel verdrängt, so ist Christus. Unmittelbar steht er an meiner Seite – wenn ich ihn nur wahrnehme, also die Augen öffne! Das meint doch wohl Paulus mit dem „Wach und nüchtern sein“: Die unaufdringliche Gegenwart Jesu wahrnehmen und das Leuchten in Seinen Augen erkennen, wenn Er mir nachschaut, mich anschaut. So kann jeder Tag „Tag des Herrn“ sein.

2. JESUS, FÜHRE MICH

Nach ihrer ersten Begegnung mit Jesus wurden die Jünger gerufen, ihm zu folgen. In dieser Schule lernten sie ihn kennen und seine Botschaft verstehen. Wo aber finden wir ihn heute? Denn jeder, der ihm begegnet ist, sucht seine Gemeinschaft. Viele entdecken dann mit Staunen, wie Er ihnen neu entgegenkommt im Wort der Schrift, sie anspricht und ihnen die lebensnotwendige Führung gibt.

2.1. Das Buch vom Leben – lebendig geschrieben

Gibt es ein anderes Buch, das so aus dem Leben herausgewachsen ist wie die Bibel, aus der Glaubensnot und dem Glaubensglück vieler Menschen? Es ist „nicht mit Tinte geschrieben, sondern mit dem Geist des lebendigen Gottes“ (2 Kor 3,3). Es ist besiegelt mit dem Blut Christi, verwandelt und durchdrungen von seinem Auferstehungsleben. Das Papier ist Hilfsmittel, ist ein Instrument in der Hand unseres demütigen Gottes. Er scheut sich nicht, uns auch auf diese Weise seine Liebe einzugestehen und sich in die Hände der Menschen zu begeben. Wie dieser Brief der Liebe aus dem gesprochenen Wort hervorgeht, so drängt er dazu, wieder gelesenes, gehörtes, gesprochenes und in Liebe aufgenommenes Wort zu werden.

Jes 55,10: „Spruch des Herrn:
Wie der Regen und der Schnee vom Himmel fällt und nicht dorthin zurückkehrt,
sondern die Erde tränkt und sie zum Keimen und Sprossen bringt,
wie er dem Sämann Samen gibt und Brot zum Esssen,
so ist es auch mit dem Wort, das meinen Mund verläßt:
Es kehrt nicht leer zu mir zurück, sondern bewirkt, was ich will,
und erreicht all das, wozu ich es ausgesandt habe.“

Diese Verheißung Gottes steht. Jesus greift sie im Sämannsgleichnis auf. Das Wort Gottes ist also Same und Regen zugleich. Ist unser Leben ein Betonpflaster, auf dem alles abprallt oder fruchtbares Ackerfeld? Gott will in uns eindringen durch das Wort. Augustinus sagt: „Die Heilige Schrift ist ein Sakrament für das Ohr". Im sinnenfälligen Wort, das unsere Ohren und Augen trifft, teilt Gott sich selber mit, wie bei der Kommunion im Brot.

Damit wird die Schrift aus der Vergangenheit in die Gegenwart hineingeholt, wie Tod und Auferstehung Jesu in der Eucharistie gegenwärtig werden. Durch die vergangenen Ereignisse hindurch teilt Gott sich heute mit, wie er ist. Das II. Vatikanische Konzil sagt: „In den Heiligen Büchern kommt ja der Vater, der im Himmel ist, seinen Kindern in Liebe entgegen und nimmt mit ihnen das Gespräch auf." (DV 21)[4] Wissen wir, welchen Schatz wir in unserem Bücherregal haben? Wir verstehen die evangelischen Christen, die die Bibel schon immer auf den Altar stellten, lange bevor sie in unserem Gotteshaus wieder einen Ehrenplatz bekam. Liegt dieses Zeichen der Gegenwart Christi auf dem Altar unseres Herzens?

2.2. Das Buch vom Leben – lebendig gelesen

Lebendig lesen können wir dieses Lebensbuch nur, wenn jenes Leben in uns ist, aus dem es stammt. Das Konzil sagt, daß „die Heilige Schrift in dem Geist gelesen und ausgelegt werden muß, in dem sie geschrieben wurde" (DV 12). Dies gilt in verschiedener Hinsicht:

1) Als Werk des Heiligen Geistes kann sie nur im Heiligen Geist richtig gelesen werden.
2) Als Werk von Menschen müssen wir sie in dem Geist lesen, in dem die Verfasser sie geschrieben haben.
3) Als Buch der Kirche müssen wir die Schrift in der Gemeinschaft derer lesen, denen der Geist Gottes dieses Leben anvertraut hat.

1) Der Heilige Geist schwebte schon am Anfang „über den Wassern" (Gen 1,2); aber seit Pfingsten wirkt er in neuer Weise in der Geschichte und hat bis heute damit nicht aufgehört. Es gibt nur eine *Herab*kunft, aber keine Himmelfahrt des Heiligen Geistes.

[4] DV = Dei Verbum, Dogmatische Konstitution des II. Vatikanischen Konzils über „Die göttliche Offenbarung".

Er führt das Leben der Kirche und jedes einzelnen Christen ganz persönlich in einzigartiger Weise durch das Wort der Schrift: „Er wird von dem Meinen nehmen und euch verkünden." Derselbe Heilige Geist, der die Schriftsteller geführt – wir sagen „inspiriert" – hat, will und muß auch uns Leser und Hörer „inspirieren"; nur so können wir verstehen, was Er sagen wollte. Schreiber und Leser brauchen also denselben Heiligen Geist, und wer meint, er könne die Schrift ohne ihn verstehen, der täuscht sich – ob einfacher Bibelleser oder Fachexeget.

Wer im Geist liest, macht sich bewußt: Der Heilige Geist wohnt in mir und wirkt im Wort; und er antwortet ihm in Anbetung, Verlangen, Sehnsucht, Offenheit, Dank, Freude, Demut, Gehorsam und Lernbereitschaft. Grundlegende Schwierigkeiten gegen das Wort aber kommen oft daher, daß bestimmte Bereiche unseres Wesens noch nicht vom Geist durchdrungen sind: der Verstand reibt sich an manchen Aussagen, das Gefühl resigniert, das Herz bäumt sich auf – bis die Berührung des Geistes uns verwandelt und wir den Gleichklang des Lebens erkennen in der Schrift und in uns.

2) Als Werk von Menschen müssen wir die Schrift in dem Geist lesen, in dem die Verfasser sie geschrieben haben.

Die heiligen Schriftsteller haben etwas mit Gott erlebt. Und sie sagen es in der Sprache ihrer Zeit. Wir verstehen die Schrift nur, wenn wir ähnliche Erfahrungen in unserem Leben entdecken. (Die Fachleute sprechen hier von einem „hermeneutischen Zirkel"). Mancher sagt: „Ich bin Gott noch nie begegnet." Haben wir nicht doch die Frage nach Ihm in unserem Herzen entdeckt? Dann verstehen wir den Psalm 63: „Meine Seele dürstet nach Dir, mein Gott." Haben wir erlebt, wie nach vielen Vermutungen, Theorien und Befürchtungen eine Sache in Wirklichkeit sehr einfach wurde? Dann verstehen wir das Wort Jesu: „Die Wahrheit wird euch frei machen". Sind wir getroffen von der Sicherheit und Klarheit Jesu, von seiner Schlichtheit und seinem herzlichen Wohlwollen? Wir wissen, was ein Zuhause ist oder ahnen, was es sein könnte. Jesus sagt: „Kommt zu mir, die ihr euch plagt. Ich werde euch Ruhe verschaffen" und „ich zeige euch den Vater". Verstehen wir diese Sprache nicht? So gibt es in unserem Alltag viele Erfahrungen, die uns die Schrift aufschließen. Sie werden uns oft erst bewußt, wenn wir die Schrift lesen.

Die Verfasser beschreiben ihre Erfahrungen in der Sprache ihrer Zeit. Ihre Vorstellungswelt ist uns fremd. Wir wissen wenig von der Umwelt und den Umständen und kennen die Sprachen der Bibel nicht. Übersetzungen können einen Text nie genau wiedergeben, weil das entsprechende Wort in der anderen Sprache nie ganz dasselbe besagt wie in der Ursprache, dafür aber andere Elemente enthält. Man sieht das an den vielen deutschen Wörtern, die in einem Lexikon hinter *einem* Wort der fremden Sprache stehen. Die Literaturformen der Antike sind anders als heute, und die Semiten sprechen viel mehr in Bildern als wir. Wer das nicht beachtet, folgt vielleicht mehr der Phantasie als dem Text, und mancher Bibelkreis verläuft sich dann in frommer Poesie oder in hitzigen Diskussionen, die am Text vorbeigehen.

Aber Gott hat sich durch Menschen mitgeteilt, darum erfahren wir den von ihm gemeinten Sinn zuerst über die Aussageabsicht des Verfassers. Durch dieses Tor muß jede gültige Schriftauslegung hindurch: Was hat der Verfasser als Mensch seiner Zeit in seiner damaligen Situation sagen wollen? Das Konzil sagt (DV 12): „Da Gott in der Heiligen Schrift durch Menschen nach Menschenart gesprochen hat, muß der Schrifterklärer, um zu erfassen, was Gott uns mitteilen wollte, sorgfältig erforschen, was die heiligen Schriftsteller wirklich zu sagen beabsichtigten und was Gott mit ihren Worten kundtun wollte."

In diesem Sinn suchen wir den „wörtlichen" Sinn der Schrift! „Wörtlich" aber heißt dann nicht, wie der Text für mich beim ersten Hören klingt, sondern wie der Verfasser das „Wort" gemeint hat. Nicht wer die Worte seines Gesprächspartners auf die Goldwaage legt, trifft, was er meint, sondern wer seine Worte im Zusammenhang hört und abwägt.

So läßt sich zeigen, daß das Buch Ijob von vornherein eine epische Dichtung sein will und das Buch Jona eine Lehrschrift, die genauso wie das Gleichnis vom Samariter kein geschichtliches Ereignis erzählen will. Wer solche Texte dennoch wie ein Geschichtswerk liest, verfehlt also gerade den „wörtlichen" Sinn. Anders die Bücher Mose, anders wieder die Evangelien, die „in verschiedenem Sinn geschichtliche Wahrheit", nämlich „Heilsgeschichte" bezeugen wollen (vgl. DV 12). Doch ist es auch hier oft ein weiter Weg von den zugrundeliegenden Ereignissen über die mündliche Tradition bis zur schriftlichen Festlegung.

Wir brauchen also für die Bibellesung auch die Hilfe von Fachleuten. Es genügen oft kurze Hinweise zu einem Buch oder Text. Wir finden sie in den Einleitungen und Fußnoten mancher Bibelausgaben oder in Kommentaren.

Aber dieser Verweis auf wissenschaftliche Ergebnisse darf nicht zur Schranke werden, darf uns nicht abhalten vom Bibellesen. Wir Katholiken müssen es immer noch lernen, daß die persönliche Schriftlesung zum normalen Alltag des Christen gehört und daß darin ein unerhörter Reichtum liegt. Enthält doch die Bibel eine Botschaft der Rettung für jeden Menschen.

Ich denke an den Handwerker aus Schweinfurt, der vor 30 Jahren von P. Leppich hörte, ein Katholik müsse die Bibel lesen. Er kaufte sich die ganze Hl. Schrift und begann von vorn bis hinten zu lesen. Er verstand zwar vieles nicht, las aber weiter. Beim zweiten Lesen verstand er schon viel mehr. Und nach dem vierten Lesen konnte er nun auswählen.

Die grundlegenden Aussagen erschließen sich dem glaubenden Herzen eher als dem fragenden Verstand. Denn nur wer liebt, versteht die Sprache der Liebenden. So kann es geschehen, daß der einfache Bibelleser aufgrund seiner christlichen Lebenserfahrung schneller und treffsicherer den von Gott durch den menschlichen Verfasser gemeinten Sinn erfaßt als eine bloß rational-kritische Analyse. Gott bleibt immer Herr seines Wortes und kann die wesentliche, lebensrettende Einsicht auch trotz geschichtlicher Irrtümer und anderer Wissensmängel schenken. Die wichtigste Voraussetzung für ein fruchtbares Bibellesen ist darum die christliche Praxis, die Bereitschaft, sich dem Geist Gottes zu öffnen und sich ganz auf Gott einzulassen. Denn im *Leben* mit dem Wort Gottes machen wir ähnliche Glaubenserfahrungen und können dann von innen her verstehen, was die Schriftsteller uns bezeugen. Es ist der Weg des Experimentes, der uns doch von der Naturwissenschaft her naheliegt: „Wenn ihr in meinem Wort bleibt", d.h. meine Worte *tut,* „dann werdet ihr ihre Wahrheit erkennen" (Joh 8,31f; 7,17). Aber christliche Lebenspraxis kann genauso auf Irrwege geraten wie theologische Wissenschaft. Darum müssen wir

3) die Heilige Schrift lesen in der Gemeinschaft derer, denen der Geist Gottes dieses Buch anvertraut hat.
Das Ringen um eine zutreffende Schriftauslegung ist ein Prozeß, der nur im Rahmen der Gesamtkirche gelingen kann, im fairen Austausch der Argumente, im gegenseitigen Bezeugen der erkannten Wahrheit und im Achten der von Gott gegebenen Ordnung. Der Geist, der diesen Prozeß trägt, schenkt ja jedem eine Teilerkenntnis, die erst dann voll verstanden ist, wenn sie sich in das Ganze einfügt. Dies beginnt, wenn wir etwa in der Familie über die Sonntagslesung sprechen, mit Freunden die Schrift lesen, in Bibelkreisen und wenn wir vom Wort Gottes her miteinander beten. Deutlicher als in vielen liturgisch festgelegten Gottesdiensten kommt dann mit dem Wort Gottes zugleich das eigene Leben zur Sprache. Solcher Austausch ist Anregung und Korrektiv zugleich. Der einzelne Gläubige beginnt zu verstehen, daß er eine aktive Rolle hat beim Wachsen des Reiches Gottes. Und er wird zugleich dankbar dafür sein, daß sein persönliches Verstehen sowie das Gespräch im kleinen Kreis eingefügt ist in einen gesamtkirchlichen, auch „ökumenischen" Prozeß. Letzter Maßstab ist ja nicht exegetische Wissenschaft, sondern die Frage, ob eine Bibelauslegung kirchlich integriert ist oder nicht (vgl. DV 12). Dazu gehört, daß wir Geduld haben mit den Klärungsprozessen in der Kirche, aber zugleich deutlich unseren Beitrag ins Gespräch einbringen.

Denn vor allem durch das Wort der Schrift führt der Herr seine Kirche weiter. Sie ist ihm ein bevorzugtes Werkzeug, um denen, die ihm folgen, „Altes und Neues" zu erschließen. Darum fragen wir nicht nur nach dem damaligen Sinn, sondern auch nach dem heutigen.

Also nicht nur: Was sagt der *Text?* sondern auch: Was sagt Gott *mir* durch den Text, was sagt er *uns?* Dieser „angewandte Schriftsinn" wird durch den wörtlichen hindurch oder auch über ihn hinaus als Anruf Gottes vernommen. Der Text, der ursprünglich eine andere Situation meint, wird dann vom Heiligen Geist auf meine Situation „angewandt". Ich denke an Franziskus, der beim Evangelium vom reichen jungen Mann wußte: Dies ist jetzt ganz konkret für mich gesagt. Der Aufruf alles zu verkaufen, war ja von Jesus nicht zu allen gesagt, sondern zu einem bestimmten Menschen. Oder ich denke an den jungen Mann in Berlin, der am Tag vor seinem Abitur seinen Vater verlor und Gott um eine Antwort aus der Schrift bat. Er schlug den Text auf: „Ich lasse euch nicht als Waisen zurück". Das Wort traf ihn so tief, daß es seinem Leben eine neue, bleibende Richtung gab. Viele von uns könnten bezeugen, wie Gott durch ein Wort der Schrift ihr Leben verändert hat. Daß es nicht nur eine passende Assoziation, sondern wirklich der Geist Gottes war, sehen wir an der Kraft, die dann von dem Wort ausgeht, und an dem Frieden und der Freude, mit der wir dem Wort folgen können. Dann erfahren wir göttliches Leben in uns. Und diesem Leben können wir trauen; wir können uns darauf verlassen wie auf das Atmen unserer Lunge und auf den Schlag unseres Herzens. Es hat sein Lebensgeetz in sich und trägt uns, denn wir sind angeschlossen an den Herzschlag unseres Gottes.

2.3. Das „treffende" Wort

Weil die Schrift zu unserem Heil geschrieben ist und Gott immer Herr seines Wortes bleibt, muß auch jede Anwendung unter der Leitung seines Geistes stehen. Die Grundform ist, daß Gott dabei menschliches Erkennen und Denken erleuchtet. Darum muß der Christ seinen Verstand immer wieder dem Heiligen Geist öffnen, damit er nicht selbstherrlich – autonom – das Wort nach eigenem Gutdünken auslegt (vgl. 2 Tim 4,3f). Manchmal wird eine solche geistliche Erkenntnis durch besondere Umstände ausgelöst und nimmt gelegentlich den Charakter einer „Offenbarung" (das Wort hier im Sinn von 1 Kor 14,6.26 und Eph 1,17) oder einer „Berufung" an. Der Mensch erfährt dann ein eigentümliches „Zusammentreffen" von Situation und Schriftwort. Grundformen sind:

1) In eine bestimmte Lebenssituation hinein trifft ein Text – etwa im Gottesdienst, im Gespräch oder bei der persönlichen Schriftlesung – wie ein helles Licht, so daß der Mensch augenblicklich weiß: ‚Ich bin gemeint' (s. Franziskus).
2) In einer bestimmten Situation erinnert sich jemand plötzlich eines Schriftwortes und erfährt das wie eine Erleuchtung oder einen Anruf.
3) Manchmal geht ein inneres Wort oder Bild voraus, das auf die Schrift hinweist: Augustinus hörte die Stimme: „Nimm und lies". Jemand sah innerlich ein Buch und wußte: es ist die Bibel,

ich soll sie lesen. Mir persönlich sind mehrere Menschen bekannt, die aus einer prophetischen inneren Erkenntnis genau wußten, welche Stelle sie aufschlagen sollten (sei es, daß sie sie hörten oder innerlich sahen, etwa „Num 11,17", sei es, daß sie beim Aufschlagen und Durchblättern der Bibel so geführt wurden bis sie merkten: Dies ist die Stelle, die Gott mir zeigen will).

4) Davon ist zu unterscheiden das sogenannte „Bibelaufschlagen": Jemand sucht von Gott eine Antwort oder Weisung, schlägt die Schrift auf und liest die Stelle, auf die zuerst sein Blick fällt. Auch hier kommt es vor, daß einer deutlich vom Geist dazu angeregt wird. Andere beten einfach zu Gott und schlagen dann auf. Das Beispiel von dem Berliner Abiturienten (s.o.) zeigt, daß Gott diesen Weg gelegentlich benutzt, um Menschen zu helfen und sein Wort auf unser Leben „anzuwenden". Ein solcher ‚Zu-Fall' ist dann etwas von Gott Zugefallenes. Man merkt es an der Stimmigkeit: das Wort ist klar und die Anwendung unmittelbar einleuchtend, verbunden mit einer geistlichen Wahrnehmung von Frieden und Ermutigung, und zwar auch dann, wenn das Schriftwort „überführt" (Jak 2,9) und „zur Umkehr treibt" (Röm 2,4).

Aber es bedarf einer guten geistlichen Unterscheidung, um etwas, was mir von Gott „zufällt", nicht mit bloßen ‚Zufälligkeiten' zu verwechseln. So kann etwa derjenige, dem *einmal* eine Schriftstelle „geschenkt" wurde, auf den Gedanken kommen, es in Zukunft zu „probieren". Ein anderer, der davon hört, ist geneigt, es zu „imitieren" – nachzuahmen. Selbstverständlich trifft man beim Aufschlagen der Bibel immer auf ein Wort Gottes, und darum sind in den jeweiligen Texten oft sehr konkrete Hilfen für unser Leben enthalten. Aber die „Anwendung" auf meine gegenwärtige Frage ist nicht schon dadurch gegeben, daß ich jetzt – in frommer Absicht – gerade diesen Text aufgeschlagen habe, sondern muß dann nach den üblichen Regeln der Schriftauslegung geprüft werden. Denn es kann sehr wohl sein, daß ein Text für meine Situation ungeeignet ist und gerade eine Einseitigkeit noch verstärkt, etwa eine Mahnung zum Fasten und Gebet bei einem Menschen, der zu Übertreibung neigt. Jesus hat die Menschen sehr verschieden angesprochen, jeden so, wie er es brauchte (vgl. Mk 1,43 mit 5,17; Mt 9,14–17; Lk 7,31–35).

Ob jemand also beim Aufschlagen der Schrift wirklich ein auf ihn zutreffendes Wort liest, das muß er ebenso wie beim Hören des

Sonntagsevangeliums von anderen Kriterien her entscheiden. Um es noch einmal zu betonen: Es kann sehr wohl sein, daß Gott einen Menschen einmal oder sogar eine gewisse Zeit lang durch das Bibelaufschlagen führt, aber dies muß dann ein sehr klarer innerer Auftrag sein. Außerdem ist die Weisung, die jemand dann empfängt, stets auch einsichtig oder zumindest an sich vertretbar, auch wenn man durch das Bibelaufschlagen „daraufgekommen" ist. Darum wird ein solcher Mensch auch immer bereit sein, sie von einem geistlich erfahrenen Menschen prüfen zu lassen. In anderen Fällen ist eher vor dem ‚Bibelstechen' zu warnen, weil man immer wieder hört, wie unverantwortlich Menschen damit umgehen: Sie machen daraus ein Prinzip; die Texte werden zurechtgebogen; das führt zu allerlei Spekulationen und Phantastereien, und was anfangs noch zu „passen" scheint, verliert sich mehr und mehr ins Aschgraue.

Häufig erkennt man das Ungeistliche solchen ‚frommen' Tuns daran, daß es den Menschen einengt oder zu extremen Handlungsweisen führt bis hin zu Fanatismus. Viele setzen dann sich oder andere unter Druck. Bei genauerem Zusehen verbirgt sich dahinter oft Bequemlichkeit oder Verantwortungsscheu. Es ist viel „einfacher", lediglich die Schrift aufzuschlagen, als den mühsamen Prozeß einer Entscheidungsfindung auf sich zu nehmen, in welchem der Mensch vor Gott – gegebenenfalls mit anderen Menschen – überlegt und abwägt und dann gehorsam die Freiheit gebraucht, die Gott ihm gegeben hat.

Der andere Fehler wäre freilich, nun das Bibelaufschlagen generell zu verbieten. Auch dies wäre „zu einfach". Vielmehr müssen wir nach den hier genannten und anderen geistlichen Kriterien jeweils prüfen, was im konkreten Fall vorliegt, und müssen es in Kauf nehmen, daß eine gewisse Grauzone des Tastens und Suchens bleibt. Es ist kein hinreichender Grund, eine Sache nur deshalb zu unterbinden, weil sie mißbraucht werden kann. Alles Gute ist gefährdet, auch die Anwendung des Wortes Gottes. Das Wort Gottes selbst aber ist nicht ‚gefährlich', sondern ein „Schwert des Geistes" (Eph 6,17); eben deshalb muß seine Anwendung unter der Führung des Geistes stehen, der zugleich im Wort der Schrift, im Anruf des Gewissens und in der Glaubensgemeinschaft der Kirche am Werk ist. Als praktische Regel kann darum gelten: Wer gewohnheitsmäßig die „Bibel aufschlägt", sollte bewußt einmal eine Zeit lang ganz davon lassen, um Abstand von dieser Form zu gewinnen und dann unterscheiden zu lernen. Allgemein ist sicher das Normale die laufende Schriftlesung oder Lesung nach einem bestimmten Leseplan, und zwar auch dann, wenn jemand aktuell eine schwierige Frage zu klären hat; und im Zweifelsfalle ist dies immer vorzuziehen.

2.4. Was ist zu tun?

Handlungsimpulse

Die bisherigen Überlegungen können wir in folgenden Handlungsimpulsen zusammenfassen:

1) Sei dir bewußt, daß die ganze Heilige Schrift für dich geschrieben ist, Altes und Neues Testament.
2) Nimm dir eine bestimmte Zeit für die Schriftlesung, täglich oder jedes Wochenende.
3) Erwecke den Glauben, daß dies Gottes Wort ist.
4) Öffne dich vor dem Lesen dem Heiligen Geist, der gegenwärtig ist und dir zeigen wird, was in diesem Text für dich wichtig ist.
5) a) Bei fortlaufender Lesung markiere Fragen durch Fragezeichen, wichtige Einsichten durch Ausrufezeichen, persönliche Betroffenheit durch einen Pfeil.
   b) Bei meditativer Lesung befrage den Text durch Fragewörter: Wer, was, wem, wann, wo, warum, wofür . . sagt oder tut, z.B.: Was sagt Gott/Jesus mir? Was sage ich Ihm?
   Was fragt Gott/ Jesus mich? Was antworte ich Ihm?
6) Nimm dir Zeit zum Hören und verweile, wo dich etwas getroffen hat.
7) Unterscheide: was sagt der *Text* und was sagt der Text *mir/uns?*
8) Hab den Mut, dein Leben dazu in Beziehung zu bringen.
9) Hab die Demut, die Hilfsmittel theologischer Wissenschaft zu gebrauchen, aber auch, schwer verständliche Texte stehen zu lassen.
10) Gib Antwort auf das Wort Gottes in Gebet und Tat.
11) Nimm Gelegenheiten wahr, das Gewonnene mit anderen zu teilen.
12) Sei bereit, deine Erkenntnisse in das kirchliche Schriftverständnis einzufügen.

Weitere Hilfen zu einer Schriftbetrachtung

Gott holt jeden Menschen dort ab, wo er steht. Darum sind die Wege zu Ihm sehr verschieden. Aber eines ist allen gemeinsam: es genügt nicht, den Weg zu wissen; wir müssen ihn wirklich gehen. Wer durch äußere Umstände, durch einen Freund oder eine persönliche Erfahrung auf diesen Weg verwiesen wurde und wer so etwas wie eine innere Einladung spürt, findet Hilfe, um seinen Weg zu gehen. Für jeden wird sich im Lauf des Lebens abzeichnen, welchen Schritt Gott jetzt im Augenblick von ihm erwartet. Und diesen Schritt soll er tun, nichts anderes.

Wohin uns Gott dabei führt – zu einer Vertiefung schon getroffener Entscheidungen oder auf einen neuen Weg zu einer neuen Verheißung, in einen Gebetskreis, vielleicht auch in die Einsamkeit mit ihm –, das wollen wir ganz Ihm überlassen, damit wir seinen Weg finden und nicht unsere Vorstellungen zum Maßstab machen. Nach Möglichkeit sollten wir uns täglich Zeit nehmen zum Lesen in der Heiligen Schrift und zu Gebet. Am besten ist es, die gleiche Tageszeit zu wählen und einen Ort, an dem man ungestört ist, z.B. auch eine Kirche. Wo jedoch äußere Gründe dies verhindern, dürfen wir darauf vertrauen, daß Gott auch andere Möglichkeiten der Begegnung mit Ihm schenkt – mitten in der Unruhe des Tages. Nichts und niemand kann Gott daran hindern, sich uns mitzuteilen, und nichts kann uns davon abhalten, als Christen zu leben (Röm 8,35–39; Phil 4,11–13).

Wenn wir eine Schriftlesung in einer Gemeinschaft machen können, die sich wöchentlich trifft, sollten wir diese Möglichkeit wahrnehmen. Es ist eine große Hilfe, zu wissen, daß andere die gleichen Schritte versuchen – vielleicht auch ähnliche Schwierigkeiten haben –, und daß sie mit unserem Tun rechnen. Das hilft über manche Durststrecke hinweg, in der wir versucht sind, aufzugeben. Die Treue, mit der wir eine solche Zusammenkunft besuchen, ist für uns selbst ein Kennzeichen, wie wichtig uns dieser Weg ist.

Mit der Zeit wächst in dieser Gemeinschaft Vertrauen untereinander. Man kann auch Dinge, die man bisher für sich selbst behielt, voreinander aussprechen, weil sie vor Gott ausgesprochen werden. Das erfordert von allen Teilnehmern Diskretion. Was jemand in einem Bibel- oder Gebetskreis von sich mitteilt, bleibt trotzdem sein

Eigentum, über das die anderen nicht verfügen können. Darum: Persönliche Mitteilungen niemals weitererzählen, zumindest nicht so, daß ein Dritter daraus schließen kann, um wen es sich handelt. Zurückhaltung und Taktgefühl ist die konkrete Form der Liebe (1 Kor 13,5), mit der wir den Schutzraum achten, den Gott einem jeden von uns geschenkt hat.

Für das tägliche Lesen und Beten wird man gewöhnlich den Schrifttext nehmen, der vorgeschlagen ist[5] – es sei denn, daß durch Lebensumstände oder einen geistlichen Impuls ein anderer Text lebendig geworden ist. Dann hat dieser „Vorfahrt".

Zuerst mache ich mir bewußt, daß Gott gegenwärtig ist, daß er selbst in diesem Text mit mir „das Gespräch aufnimmt" und mir anhand dieses Textes etwas Wichtiges für mein Leben sagen will. Dann bete ich zum Heiligen Geist und lese langsam den Text, vielleicht mehrmals. Ich teile den Text in kleinere Abschnitte, wobei ich in jedem

[5] Je nachdem, was man sich vorgenommen hat: Die täglichen Lesungen der heiligen Messe, fortlaufende Lesung eines Buches der Heiligen Schrift, die im „Ökumenischen Bibelleseplan" vorgesehenen Texte (Verzeichnis erhältlich beim Katholischen Bibelwerk, Silberburgstr. 121, 7 Stuttgart 1). Dieser ökumenische Plan liegt auch dem ökumenischen Schriftlesungskalender zugrunde: 365 mal Gottes Wort, action 365, Kennedyallee 111a, 6 Frankfurt 70.
Für jeweils einen Zeitraum von 7 Wochen bieten gute Hilfen: N. Baumert, Neues Leben im Heiligen Geist. Begleitheft für einen Glaubenskurs. Erhältlich: Kommunikationsdienst Fam. Ritter, Innstr. 16, 8390 Passau.
O. Knoch, Geistliches Seminar, jedes Heft für sieben Wochen. Erhältlich: Bischöfliches Seelsorgeamt, Domplatz 3, 8390 Passau:
1) „Erneuert euren Geist und Sinn" (Eph 4,23)
Leben aus der Kraft des Geistes Gottes, 40 Seiten
2) „Herr lehre uns beten!" (Lk 11,1)
Beten im Geist Gottes, 48 Seiten
3) „Dient dem Herrn mit Freude!" (Ps 102)
Als Christ leben und Gott loben im Geist der Psalmen, 40 Seiten
4) „Gott begegnen mit den Vätern des Glaubens"
(Abraham, Jakob, Josef, Mose), 43 Seiten
5) „Durch die Propheten Gott erfahren"
(Mose, Samuel, Natan, Elija, Elischa), 84 Seiten
6) „Die Schriftpropheten I"
(Amos, Hosea, Jesaja, Micha), 52 Seiten
7) „Die Schriftpropheten II"
(Nahum, Habakuk, Zefanja, Jeremia), 52 Seiten
8) Die Schriftpropheten III"
(Ezechiel, Obadja, Deuterojesaja), 52 Seiten

Sinnabschnitt das wichtigste Stichwort unterstreichen kann. Manchmal hilft es auch, kurze Überschriften dafür zu suchen. So erfasse ich besser, was der Text sagen will.

Wenn mich etwas besonders anspricht, verweile ich dabei und lasse die Wahrheit auf mich wirken, – so wie man ein Bild länger anschauen muß, um es wirklich zu erfassen. Oft erwächst aus diesem Wahrnehmen ein Staunen, ein Fragen, Dank, Freude, Lob und Anbetung, eine Bitte. So führt der Text von selbst zum Gebet, weil dies alles vor Gott und zu Gott hin geschieht.

Wenn ein Gedanke abklingt und nichts mehr in mir bewegt, gehe ich zum nächsten Absatz über. Bin ich sehr schnell fertig, kann ich das ganze wiederholen. Für die letzte Phase, die ganz dem Gebet gewidmet sein sollte, können die Psalmen helfen. Ziel ist nicht ein theoretisches Studium des Textes, sondern ein liebendes Antworten auf das Wort Gottes. Das bleibt oft recht unsystematisch und bruchstückhaft. Und dennoch sind persönliche Lebens-Zeichen zu Gott hin etwas Kostbares. Ich merke das an dem inneren Frieden und der Kraft, die ein solches Betrachten in mir hinterläßt.

3. GEIST GOTTES, GESTALTE MEIN LEBEN

Ein ungewöhnliches Wort. Ist es nicht unsere eigene Aufgabe, unser Leben zu gestalten? Jeder von uns hat doch Pläne, Hoffnungen oder wenigstens unerfüllte Wünsche. Mancher hat vielleicht resigniert; er kämpft um seine Existenz, hat keine Arbeit, ist krank, hat Schwierigkeiten in der Familie und fragt: Ist das ein Leben? Lohnt es sich überhaupt? Doch auch er hat bestimmte Maßstäbe – Vorstellungen, wie es sein könnte – und mißt daran den Sinn seines Lebens. Beiden Gruppen ist gemeinsam, daß sie versuchen, ihr Leben selbst zu gestalten.

3.1. Gottes Initiative

Jeder vernünftige Mensch wird sagen: Es ist das einzig Mögliche, mein Leben selbst zu gestalten; schließlich bin ich für mein Leben verantwortlich! – Bin ich wirklich so verantwortlich? Immerhin liegen Anfang und Ende nicht in meiner Hand! Und ich werde Tag für Tag von vielen Voraussetzungen geprägt, angefangen von den Bedürfnissen des Leibes bis zu den Bedingungen des gesellschaftlichen Lebens. Es ist so vieles vorgegeben, daß man verzagen möchte.

Erlösung beginnt damit, daß Gott uns von dem Wahn befreit, wir müßten unser Leben selbst tragen oder gar die Weltprobleme, vor denen wir uns oft so ohnmächtig fühlen, aus eigener Kraft lösen. Vor ihm darf ich erkennen: Gott trägt die Welt, die Schöpfung, die Menschheit und auch mich selbst.

Heilsgeschichte bedeutet, daß Gott mein Leben „in seine Hand nimmt“. In 1 Kor 12,28 werden unter den Geistesgaben aufgezählt: ‚antilempseis, kyberneseis‘. Das bedeutet nicht, wie gewöhnlich übersetzt wird, daß Gott Menschen die Fähigkeit gibt, anderen zu helfen oder sie zu leiten, sondern es sind „Hilfestellungen und Steuerungen“, die Er selbst gibt. Manchmal erfahren wir, nachdem wir lange an einem Problem zu schaffen hatten: Jetzt nimmt Gott die Sache in die Hand! Und viele von uns haben im Leben wunderbare ‚Führungen' erlebt, Wege, die sie nie von sich aus gegangen wären. Solche Erfahrungen durften die Christen am Anfang häufig machen, und das hat Paulus hier festgehalten.

Viele Christen in der Charismatischen Erneuerung – ganz gleich, ob sie vorher ‚praktizierende' Christen oder ‚weit weg' waren – können sagen: Wir haben eine neue Frische im Glauben, eine neue Tiefe in der Begegnung mit Jesus Christus erlebt. Er war ein Anstoß, eine Sehnsucht; neue Kraft; Liebe, Freude; eine andere Lebendigkeit; eine neue Sicht der Welt; vielleicht war es auch wie ein Springbrunnen, der in mir aufbrach und mich neu belebte; kurz: viele von uns haben neu gelernt, was es heißt: Jesus ist der Herr meines Lebens. Dann liegt mein Denken und Handeln nicht in mir selbst, sondern ein anderer ist Anfang, Mitte und Ende meines Lebens. Sagen wir ruhig mit Paulus, daß dann ein anderer mich „steuert": der göttliche Steuermann, der gerade dadurch meine Freiheit voll zur Entfaltung bringt.

Man könnte auch sagen: der Christ ist ein „exzentrischer" Mensch, ein Mensch, dessen Zentrum außerhalb seiner selbst liegt. Es ist wie ein Umpolen: Wenn wir lange Zeit versucht haben, aus eigener Kraft das Leben zu meistern, und dann von diesem Krampf befreit werden, weil nun ein anderer die Mitte wird, atmen wir auf. Und wenn wir fragen, wie es dazu gekommen ist, stellt uns Paulus die Gegenfrage (Gal 3,2): „Habt ihr den Geist aus Werken des Gesetzes, aus eurer eigenen Anstrengung empfangen oder aus der Botschaft vom Trauen? Geschah es nicht, weil Gott euch entgegenkam und ihr Zu-Trauen zu ihm gefaßt habt?" So ist christliche Geist-Erfahrung dort zu erkennen, wo Gott in einem Leben die Initiative ergriffen hat.

3.2. Prägung des einzelnen Lebens

Wenn der Geist Gottes mein Leben in die Hand nimmt und gestaltet, heißt das konkret: Er reinigt meine Vergangenheit, belebt meine Gegenwart und gestaltet meine Zukunft.

Vergangenheit

Jesus haucht die Jünger an; er sagt: „Empfanget den Heiligen Geist", und gibt ihnen den Auftrag, Sünden zu vergeben (Joh 20,22f). Dies also ist das Werk des Heiligen Geistes! Wenn er beginnt, fragt er mich als erstes: Läßt du mich jetzt bitte in alle deine Räume hinein? Läßt du mich an deinem Leben arbeiten? Dann machen wir die Erfahrung, wie er sich herabbeugt, mich aus meinem ‚Loch' herauszieht und reinigt. Irgendwo wird jeder wissen, wie der Geist in seinem Leben zugepackt hat. Ich denke an einen jungen Mann, der mit Alkohol Schwierigkeiten hatte. Er sagte mir wiederholt: „Manchmal, wenn ich wieder in die Wirtschaft gegangen bin, war plötzlich der Heilige Geist so mit seiner Liebe und Zärtlichkeit da und holte mich heraus." Ein anderer hatte von einem Priester den Rat bekommen: „Versuch doch vor der Beichte, nicht selbst die Gewissenserforschung zu machen, nicht selbst in deinem Leben herumzukramen, sondern laß den Heiligen Geist dein Gewissen erforschen." Er berichtet: „Ich wußte das schon lange; als ich es endlich einmal getan habe, war ich erstaunt, was da noch zutage kam!"

Nun muß es jeder für sich übersetzen: Wo arbeitet der Geist Gottes in mir, wo reinigt er mich, indem er meine Vergangenheit und alles, was mich belastet, anpackt? Er hat keine Angst, sich die Hände schmutzig zu machen, sondern packt zu wie ein guter Freund. Und wer könnte sagen: Gott, du hast deine Aufgabe bei mir, deinem Geschöpf, nicht erfüllt? Der Geist Gottes reinigt und heiligt meine Vergangenheit – wenn ich mich darauf einlasse. Zugleich bringt er auch das Gute in meinem Leben in Sein Licht, bestätigt es und stärkt mich so im Guten.

Gegenwart

Der Geist Gottes belebt meine Gegenwart. „Das ist das ewige Leben: dich, den einzigen wahren Gott zu erkennen und Jesus Christus, den du gesandt hast" (Joh 17,3). Das erste, was der Geist wirkt, ist, daß er uns zum Vater führt. Kennen wir das? Daß es plötzlich den Menschen von innen her drängt: „Ich will zu meinem Vater gehen" (Lk 15,18)? Daß es von innen her einen Antrieb gibt, eine Sehnsucht? Ich erinnere mich an eine Frau, die bei einem Segnungsgottesdienst nach vorn kam und mir sagte: „Ich will dem lieben Gott nur danken, daß ich mein ganzes Leben lang den Glauben bewahrt habe." Diese Frau hatte begriffen, daß diese Beziehung zu Gott nicht selbstverständlich ist, nicht ihr eigenes Werk war; sie wollte ja dafür danken. Ob uns nun das Beten leicht oder schwer fällt, immer gilt, daß „der Geist in mir betet; er ruft: Abba, lieber Vater" (Röm 8,14).

Der Heilige Geist schafft auch eine neue Beziehung und Gemeinschaft mit Jesus. Paulus schreibt: „Niemand kann sagen: Jesus ist Herr, außer im Heiligen Geist" (1 Kor 12,3). Daran erkennen wir den Heiligen Geist, daß wir eine Beziehung zu Jesus bekommen, eine herzliche Beziehung der Liebe, der Freundschaft. Eine junge Frau sagte einmal in einem Gebetskreis: „Jesus, ich danke dir für die vielen schönen Stunden, die ich mit dir verbringen durfte." Sie hatte erfahren, daß es bei ihm nicht langweilig ist. Es müssen Stunden der Freude und der Liebe gewesen sein, die sie als Geschenk erfahren hat.

Der Geist schafft Gemeinschaft unter uns Menschen. Er bewirkt, daß wir einander Zeugnis geben, miteinander von unserem Glauben sprechen und diesen Glauben miteinander leben. Dabei lernen wir unterscheiden, welche Begegnung vom Heiligen Geist geführt ist und welche nicht. Dies ist ein langer, mühsamer Prozeß. Aber gerade so will der Geist Gottes das Leben gestalten. Er gibt uns hier und da den Mut, auf jemand zuzugehen, eine Arbeit anzupacken, nimmt uns eine Angst oder gibt uns einen klaren Blick. Wir müssen nur zu ihm hin offen sein, damit wir seine Anstöße bemerken.

Das Gestaltungsprinzip, nach dem der Heilige Geist unser Leben gestaltet, ist Er selbst, ist seine Gegenwart! Die Frage ist nur, ob wir ihn an uns heranlassen und uns immer wieder darauf besinnen: Du bist da, du kennst meine Situation, du kennst die Menschen! Dann verstehen wir, was Jesus mit dem Wort sagen will: „Der Geist wird euch in die ganze Wahrheit einführen" (Joh 16,13). Er wird uns auch lehren abzugrenzen. Er wird sagen: dies hier ist nicht deine Aufgabe. Der Geist öffnet zu den Menschen hin, aber er lehrt uns auch, nein zu sagen. Er gibt uns das Maß.

So belebt er meine Gegenwart, indem er mir auch hilft zur Gemeinschaft mit mir selbst. Das ist oft am schwierigsten: mit mir selbst eins zu sein; zu meinen Begabungen, Grenzen, Gefühlen, zu meinem Leib, auch zu meiner Sexualität ja zu sagen; alles, mein ganzes Wesen zu Gott in Beziehung zu setzen, bis der Geist mein ganzes Leben durchformt, mein ganzes Wesen durchfließt. Das Prinzip, nach dem er unser Leben gestaltet, ist das Gesetz der Liebe.

Zukunft

Der Heilige Geist gestaltet meine Zukunft. Viele von uns haben neu erfahren, daß der Geist deutlich auf ein bestimmtes Ziel hinführt. Es ist ein Drängen zu einem neuen Tun. Mancher von uns ist erst zögernd und ängstlich solchen Impulsen nachgegangen, etwa wenn es uns zum Gebet drängt oder regelrecht in die Knie zieht; wenn uns das Buch der Heiligen Schrift, das im Bücherregal steht, keine Ruhe läßt; oder wenn uns in der Begegnung mit anderen Menschen eine neue Liebe gegeben wird, Weitherzigkeit oder Bereitschaft zum Tragen. Und manchmal, in verworrenen Situationen, staunen wir, wie ruhig wir sind und welche Klarheit wir haben, auch zu widerstehen. So werden neue Kräfte wirksam, denen wir Raum geben sollen.

Wir nennen diese Kräfte Charismen – Ausprägung seiner Kraft. Sie sind gewissermaßen die Ausmünzung der Goldwährung, die wir erhalten haben. Die Goldwährung ist der Geist selbst; die kleinen Münzen sind die verschiedenen Gaben. Dann führt er uns seltsame Wege, oft so, daß wir nur den nächsten Schritt sehen. Und manchmal fragen wir ängstlich, ob es wohl noch der richtige Weg, ob es sein Weg ist. Aber wenn wir uns an ihn halten, zeigt er immer wieder den nächsten Schritt – hin und wieder durch prophetische Worte. Viele wundern sich darüber: Kann der Heilige Geist so konkret werden? Nun, die Schrift gibt uns viele Zeugnisse von solchen Führungen, und ebenso die Geschichte der Kirche. Allmählich wachsen neue Handlungsweisen im Alltag, innere Sicherheit auf dem Lebensweg, eine neue Berufung. Er ist der Heilige Geist, der in seinen Charismen unser Leben neu gestaltet.

3.3. Gestaltung des Lebens der Kirche

Nicht nur das Leben des einzelnen, auch das Leben der Kirche wird vom Geist geprägt. Wenn wir uns etwa zu einem Gebetskreis versammeln, so ist das ein wichtiger Lebensvollzug der Kirche.

Ein neuer Impuls des Geistes

Wir kommen in der Charismatischen Erneuerung nicht zusammen, um eine Meditationsmethode zu lernen oder einen Fortbildungskurs zu machen. Heilsgeschichte beginnt mit Tatsachen, und wir sind beisammen, weil in unserem Leben etwas geschehen ist und wir die voreinander und vor der Kirche bezeugen müssen und wollen. Wir diskutieren also nicht darüber, ob es grundsätzlich möglich sei, daß Gott in ein Menschenleben eingreift, sondern wir sagen wie die Apostel: „Wir können unmöglich schweigen von dem, was wir gehört und gesehen haben“ (Apg 4,20). Wir sind überzeugt, daß hier ein neuer Impuls des Geistes in die Kirche hineinwirkt, ganz gleich, wie man ihn nennen will. Wir sprechen niemand anderem den Empfang des Geistes ab, dürfen aber sagen, daß wir ihn neu erfahren haben: neu gegenüber unserem bisherigen Leben, neu im Großen der Kirchengeschichte; ist es doch seine Art, in den verschiedenen Jahrhunderten verschiedene Gaben zu geben. Es geht nicht um eine Wertung, sondern darum, daß wir diesem Impuls des Geistes, der heute durch alle Konfessionen geht, Raum geben; daß wir dem Anruf folgen und diesem gestaltenden Prinzip der Menschheitsgeschichte zur Verfügung stehen.

Dabei fühlen wir uns nicht als die besseren Christen, sondern sehen eher noch deutlicher unsere eigenen Grenzen und Fehler. Denn wir wissen, das neue Leben ist ein Geschenk Gottes! Wir fühlen uns auch nicht fremd in dieser Kirche, sondern erleben, wie der Geist von innen her die Kirche neu aufschließt; aber wir erleben auch manchmal ein gewisses Unverständnis und bleiben fremd in unseren Gemeinden. Dann gehen wir still unseren Weg, wartend, bis der Geist eine Tür öffnet (Kol 4,3) – der Geist, der unsere Kirche gestaltet! Nicht wir wollen die Kirche und ihre Gemeinden nach unserem Muster prägen, sondern Gott soll diesen Aufbruch des Geistes nach seinen Plänen nutzen. Wir erleben uns als Nahtstelle eines neu einbrechenden Geistes, aber wir vermeiden es, eigene Vorstellungen zu entwickeln, wie diese Geschenke in die Kirche eingefügt werden, sondern bringen uns ins Ganze ein und vertrauen dem Herrn der Kirche, daß er jedem seinen Platz zuweist. Indem Gott das Leben des einzelnen gestaltet, gestaltet er zugleich das Leben der Kirche und gibt damit wiederum dem einzelnen Korrektur und Stütze.

Angst oder Unterscheidung?

Es gibt in der Kirche eine Angst vor dem Geist, weil er so unkontrollierbar ist. Aber an der Mühe der Unterscheidung kommen wir nicht vorbei: Was ist wirkliches Drängen des Geistes, was ist bloß eigene Spontaneität? Skeptiker werden sagen, das könne man nie unterscheiden. Freilich gibt es keine Einwirkung des Geistes, ohne daß menschliche Fähigkeiten in Bewegung gesetzt werden. Aber es gibt menschliches Denken und Tun, ohne daß der Geist Gottes es lenkt. „Geistlich" ist darum nicht ein Geschehen, in dem ‚nichts Menschliches' wäre, sondern in dem alles Menschliche vom Geist her geleitet und von ihm durchdrungen ist. So geht es darum, ob der Ursprung einer Bewegung in Gott liegt oder nur in mir selbst. Dies können wir nur vor Gott klären, indem wir alles Wollen und Fühlen immer wieder in ihn hinein loslassen.

Im Gebet also fällt die ENTscheidung und UNTERscheidung, zwischen meinen Emotionen und der Bewegung des Geistes; zwischen Psyche und Geist, meinem Einfall und seiner Eingebung; zwischen eigenem Sichdurchsetzen-Wollen und der Festigkeit und Kraft, die der Geist verleiht; zwischen Selbstsicherheit und seiner Führung; zwischen rein menschlicher Freude und der Freude des Geistes, die einen anderen Geschmack hat, kurz: ob ich selbst „Wind mache" oder vom Wind des Geistes getrieben werde, ob *ich* der Steuermann bin oder ein anderer.

Paulus erlebt noch einen anderen Gegensatz, den er in 2 Kor 5,13f so beschreibt: „Wenn ich in diesem Brief voll Begeisterung geschrieben habe und gewissermaßen ‚außer mir war', so geschah es für Gott: wenn ich mich aber wieder zurücknehme und maßvoll bin, so ist es für euch, denn die Liebe zu Christus (in euch) hält mich zusammen". – Er erfährt also zwei Strömungen des Geistes in sich, die sich zu widersprechen scheinen, die aber wie zwei Pole zusammengehören, damit eine gute Spannung entsteht: Das eine ist der Impuls des Geistes, der uns zu Gott hin ‚mitreißt', das andere ist die Rücksicht der Liebe zu den Schwestern und Brüdern, welche diesen Impuls in eine Fassung und zur Reife bringt (vgl. auch Phil 1,23f). Wir können auch sagen: Der Geist, der uns neu geschenkt wird, ist bezogen auf die schon gefügte Kirche; er wird hineingegossen in das Gefäß, das Gott seit 2000 Jahren bereitet hat. Dabei wird zugleich das Gefäß gereinigt und der neue Impuls geformt. Beide brauchen einander.

Die Kirche – ein offenes System

So lernen wir unterscheiden, nicht nur als einzelne, sondern auch als kirchliche Gruppierung. In uns wächst dann die Bereitschaft, uns einzufügen, gegebenenfalls auch Unrecht zu leiden; zugleich wächst der Mut, dort eine Grenze zu setzen, wo wir Unrecht sehen, auch in der Kirche. Wenn wir aber irgendetwas tun oder mittun sollen ,was wir von unserem Gewissen her als Sünde erkennen, dann gilt: „Du sollst Gott mehr gehorchen als den Menschen" (Apg 5,29). An dieser Stelle ist eine Grenze aller kirchlichen Autorität. Denn die letzte Instanz in diesem Miteinander von kirchlichem Amt und Einzelgewissen ist weder das Amt noch das Einzelgewissen noch die Schrift (wie ich sie auslege), sondern alle drei Instanzen müssen offen bleiben zu der aktuellen Führung des Heiligen Geistes hin. Die letzte Instanz der Leitung der Kirche ist der Heilige Geist selbst, der alle drei Instrumente gleichzeitig gebraucht und über allen steht.

In diesem Sinne ist Kirche ein offenes System, ein Geheimnis des Geistes. Darin liegt gerade ihre Chance, sich nicht festzufahren, sondern immer wieder in Neuland geführt zu werden. Wenn Gott diese Welt erneuern will, dann braucht er Menschen, die es wagen, sich ganz auf ihn zu verlassen, mit ihm neue Wege zu gehen, in der Gemeinschaft der Kirche. Gott wird weder die Kirche noch die einzelnen verlassen, wenn sie sich von ihm führen und korrigieren lassen. Er wird bei den Trägern der Autorität sein und bei dem einzelnen, der sich neu gerufen weiß, auch wenn es manchmal viel Geduld braucht, bis wir sehen, wie er dies zusammenfügt. (Denken wir an Johanna von Orleans!)

So schenkt Gott uns neue Perspektiven: nicht eine großartige, erneuerte Kirche – das könnte wieder zu einem religiösen Triumphalismus führen –, sondern die Zusage: „Ich bin bei euch" (Mt 28,20). Selbst wenn noch vieles in dieser Kirche zerbricht: Ich bin bei euch mit meinem Geist! Gott erfüllt nicht unsere Vorstellungen, sondern seine, in die er auch unser Versagen einzubauen versteht, weil er unsere Freiheit liebt und achtet. Christsein ist darum nicht eine Absicherung gegen Natur- und Geschichtskatastrophen, sondern eine Verheißung, daß er in allen Geschehnissen bis zum Untergang (!) der Welt bei uns ist! Und wo wir es nicht mehr erkennen können, hat doch Er das große Ganze im Auge und gestaltet die Kirche und die

Welt auf eine Zukunft hin, die erst am Ende der Zeit vollkommen sein wird, wenn der Heilige Geist selbst die Gestalt unseres Lebens und der Welt geworden ist.

4. UNTERSCHEIDE DIE GEISTER

Hilfen zu geistlicher Unterscheidung nach Ignatius von Loyola

Wenn wir vom Ruf Gottes getroffen und von seinem Geist erfaßt werden, gerät in uns alles in Bewegung. Paulus drückt das sehr drastisch aus: „Was mir bisher als Gewinn erschien, das halte ich jetzt infolge meiner Begegnung mit Christus als Verlust" (Phil 3,7). Damit ändern sich viele Verhaltensweisen, die uns bisher selbstverständlich waren, und wir geraten vorübergehend in eine große Unsicherheit. Das Alte stimmt nicht mehr, aber wir haben auch noch nicht gelernt, mit dem neuen Leben umzugehen, da wir seine Eigenarten noch nicht kennen. Vor allem, wer am Anfang eines neuen Weges große Freude und eine gewisse Leichtigkeit im Umgang mit dem Herrn geschenkt bekam, ist überrascht, wenn dies anscheinend wieder nachläßt oder wenn gar entgegengesetzte Empfindungen wie Traurigkeit und Überdruß in ihm entstehen.

Gewiß haben wir von Anfang an auch mit dem Kreuz des Herrn gerechnet, aber auf einmal verstehen wir ihn nicht mehr. Ist das, was uns da überkommt, wirklich das Kreuz? Was geht eigentlich in mir vor? Und ist die Freude wirklich Seine Freude? Was will der Herr tatsächlich von mir? Viele Gedanken und Wünsche, zuweilen auch Prophetien und Zeichen, verwirren uns. Manche Auswirkungen der sogenannten Geistesgaben stimmen uns bedenklich. Wir suchen neu Orientierung und Klärung, denn unsere bisherigen Lebensregeln versagen. Wir haben zwar gehört, daß es hierfür eine eigene Gabe der „Unterscheidung der Geister" gibt, aber was ist das eigentlich?

Paulus zählt die „Unterscheidung der Geister" unter jenen Charismen auf, die Gott einzelnen in der Kirche gibt, „wie er will" (1 Kor 12,10f). Damit meint er eine auffallende Wirkung des Geistes, die wir mit dem Konzil als „leuchtendere Gnadengabe" bezeichnen können. Aber wenn auch die deutliche Ausprägung dieser Gabe einigen in besonderem Maße gegeben wird – wodurch sie einen besonderen Auftrag zum Aufbau des Ganzen bekommen –, so ist das

„Prüfen der Unterschiede" doch ein Geschenk, das Paulus für alle Christen erbittet (Phil 1,10). Und in diesem Sinn wird „geistliche Unterscheidung" hier verstanden. Nur wenn wir wissen, was der Herr will, können wir ihm auch mit ganzem Herzen folgen. In jedem Fall ist diese Unterscheidung eine Gabe des Heiligen Geistes, nicht eine bloße Anwendung menschlicher Klugheitsregeln. Paulus leitet sie darum ab aus der göttlichen Liebe, die zu einer „immer reicheren Erkenntnis und Wahrnehmung" führt (Phil 1,9).

Vom Prüfen und Unterscheiden spricht Paulus auffallend häufig, und er meint damit niemals rein menschliche Klugheit. Er hat in seinem eigenen Leben und in seinen Gemeinden erfahren, in welche Bewegungen und Stürme Menschen hineingeraten, die vom Geist Gottes erfaßt werden. Ähnlich erging es Ignatius von Loyola, dem Gründer des Jesuitenordens (1491–1556), der am Anfang seines Weges mit Gott „lernte, die verschiedenen Bewegungen, die in ihm entstanden, zu beobachten". Zwischen ihm und Paulus liegt eine lange Tradition der Kirchenväter und des Mönchtums, die immer wieder neu ihre Erfahrungen mit Gott zu formulieren suchten, um Christen zu helfen, die Führung Gottes in ihrem Leben zu erkennen. Allen gemeinsam ist die Überzeugung, daß nicht nur die Gesamtkirche vom Heiligen Geist geleitet wird, sondern daß auch der einzelne Christ unter einer individuellen Führung des Herrn steht. Gott ist Partner jedes Menschen.

Aber woran erkenne ich das Wirken Gottes in meinem Leben, seine Zuwendung und seinen Anruf? Die Antwort, die Ignatius in seinen klassischen „Regeln zur Unterscheidung der Geister" gibt, ist aus eigenem Erleben geschenkte Klarheit und zugleich eine Summe der geistlichen Erfahrung der Jahrhunderte. Da es sich hierbei um einen Hinweis auf eine Gabe Gottes handelt, gibt Ignatius nicht etwa inhaltliche Antworten, was jeweils für den Menschen gut oder besser ist, sondern formale Aspekte, an denen man erkennen kann, „aus welcher Richtung der Wind weht".

Im folgenden werden diese „Regeln" vorgestellt. Ihre Sprache ist die eines baskischen Offiziers aus dem 16. Jahrhundert, geprägt durch die mittelalterliche Scholastik und die sogenannte „Devotio moderna", von der wir in der „Nachfolge Christi" des Thomas von Kempen ein Zeugnis haben. So müssen wir die „Regeln" heute genauso

übersetzen wie die Sprache und Denkweise der Heiligen Schrift. Andererseits schien es angemessen, an dem Wortlaut selbst nichts zu ändern. Darum werden zu den einzelnen Regeln kurze Einleitungen gegeben und im Anschluß daran einige praktische Beispiele genannt.[6]
Ignatius legt die Regeln im Zusammenhang seines „Exerzitienbuches" vor, das für 30tägige geistliche Übungen gedacht ist.[7] Er unterscheidet zwei Gruppen: Solche, die mehr die Anfangsschwierigkeiten im Auge haben und den Weg der Umkehr und Reinigung kennzeichnen (EB 314–327), und eine zweite Gruppe, um „noch besser zu unterscheiden" (EB 329–336), womit auf feinere Unterschiede hingewiesen wird, die im weiteren Verlauf geistlichen Wachstums notwendig werden.

Als dritter Teil folgen hier dann die Hinweise, „um eine gute Wahl zu treffen" (EB 160–188). Sie sind eine weitere Anwendungshilfe der Unterscheidungsregeln bei der Frage, was ich tun soll. Ignatius weist ausdrücklich darauf hin, daß nicht alles, was gesagt wird, für jeden Menschen zu jeder Zeit geeignet und hilfreich sei. Aus dem Zusammenhang gerissen oder falsch angewendet, kann es Mißverständnisse wecken und dadurch schaden. Die Regeln setzen Menschen voraus, die bereit sind, ihre Erfahrungen mit Gott und wichtige daraus sich ergebende Entscheidungen mit einem geistlich erfahrenen Menschen zu besprechen. Die Texte verweisen ständig auf das Gebet; denn nur in der immer neuen Zwiesprache mit dem Herrn kann der Mensch Seine Antwort hören.

[6] Die Auslegung geschieht hier aus der Erfahrung des Alltags und der geistlichen Begleitung. In der Literatur werden auch andere Rücksichten erwogen, s. Bakker, L., Freiheit und Erfahrung. Redaktionsgeschichtliche Untersuchungen über die Unterscheidung der Geister bei Ignatius von Loyola, Echter: Würzburg 1970. – Eine hervorragende Reflexion unserer Frage und Einführung in die Exerzitien: Schneider, Michael, „Unterscheidung der Geister". Die ignatianischen Exerzitien in der Deutung von E. Przywara, K. Rahner und G. Fessard. Tyrolia: Innsbruck [2]1987. – Eine Sammlung weiterer „klassischer" Texte findet sich in dem Büchlein: Scaramelli, J.B., Regeln zur Unterscheidung der Geister, hrg. v. W. Schamoni. Verlagsdruckerei Josef Kral, 8423 Abensberg.

[7] Die ursprünglich in Spanisch verfaßten Texte werden hier vorgelegt in der Übersetzung von P. Knauer: Ignatius v. Loyola, Geistliche Übungen und erläuternde Texte, Leipzig / Graz 1978. – Abkürzung: EB = Exerzitienbuch. Die Regeln stehen gegen Ende des EB, Nr. 313–336. Dort auch der „Pilgerbericht" (s.u.), Nr. 501–601 (= 1–100)

Vielleicht sind für manche Leser die Vielfalt der Ratschläge etwas zu viel, und mancher mag sich die Frage stellen: Wenn die Gabe der Unterscheidung so kompliziert ist, ist sie dann überhaupt noch Gabe? Wir haben beobachtet, daß man im Gebrauch aller Gaben einen Lernprozeß durchmachen muß. Ignatius möchte auch nicht, daß wir aus seinen praktischen Hilfen ein System machen; sie müssen darum auch mit jener praktikablen Leichtigkeit gehandhabt werden. Eines der größten Hindernisse auf dem Weg zum Herrn ist ja die „Weisheit dieser Welt", der Versuch, das Leben aus Gott mit irdischen Maßstäben und menschlicher Klugheit beurteilen zu wollen. So können auch geistliche Erfahrungen und Einsichten zur Weisheit dieser Welt werden, wenn wir an ihnen festhalten wie an einer fertigen Sache, die wir unbesehen und in Selbstsicherheit auf den Einzelfall anwenden. Nur wenn wir alle Ergebnisse immer wieder neu in Gott hinein loslassen, erkennen wir die wahre Heilsbedeutung der Erkenntnisse. Das grundlegende Kennzeichen aller Unterscheidung besteht darin, daß man bei ihrem Vollzug in die Haltung der Anbetung und eines tiefen Vertrauens kommt.

Die beste Einführung in die Regeln gibt Ignatius selbst in dem „Bericht des Pilgers", in dem er berichtet, „wie Gott ihn seit seiner Bekehrung geführt" hat. Nach einer schweren Verwundung, die ihn schon mit dem Tode rechnen ließ, war er wieder so weit gesund geworden, „daß er sich sonst ganz wohlauf fühlte, bloß konnte er sich nicht gut auf dem Bein aufrecht halten. Und so war er gezwungen, im Bett zu liegen. Und weil er der Lektüre von weltlichen und falschen Büchern sehr ergeben war, die man Ritterromane zu nennen pflegt, bat er, als er sich gut fühlte, man möge ihm einige davon geben, um die Zeit zu verbringen. Doch in jenem Haus fand sich keines von denen, die er zu lesen pflegte. Und so gaben sie ihm ein Leben Christi und ein Buch vom Leben der Heiligen auf spanisch.

Indem er in ihnen oftmals las, gewann er eine gewisse Zuneigung zu dem, was er dort geschrieben fand. Doch wenn er aufhörte, sie zu lesen, verweilte er manchmal dabei, an die Dinge zu denken, die er gelesen hatte; andere Male an die Dinge der Welt, die er früher zu denken pflegte. Und von vielen eitlen Dingen, die sich ihm anboten, hatte eines so sehr sein Herz in Besitz genommen, daß er alsbald zwei und drei und vier Stunden, ohne es zu verspüren, darin vertieft war, an es zu denken. Er stellte sich vor, was er im Dienst für eine

Herrin zu tun hätte; die Mittel, die er anwenden würde, um in das Land gehen zu können, wo sie war; die Sinnsprüche und Worte, die er ihr sagen würde; die Waffentaten, die er in ihrem Dienst ausführen würde. Und er war damit so voll Eitelkeit, daß er nicht beachtete, wie unmöglich war, es erreichen zu können. Denn die Herrin war nicht von gemeinem Adel: nicht Gräfin, nicht Herzogin, sondern ihr Stand war höher als alles beides.

Doch kam unser Herr ihm zu Hilfe. Er bewirkte, daß auf diese Gedanken andere folgten, die aus den Dingen entstanden, die er las. Denn wenn er das Leben unseres Herrn und der Heiligen las, verweilte er dabei, zu denken und bei sich zu reden: „Was wäre, wenn ich das täte, was der heilige Franziskus getan hat, und das, was der heilige Dominikus getan hat?" Und so ging er viele Dinge durch, die er gut fand. Er nahm sich immer für sich selbst schwierige und schwere Dinge vor. Und wenn er sie sich vornahm, schien ihm, er finde Leichtigkeit in sich, sie ins Werk zu setzen. Doch war seine ganze Gedankenfolge, bei sich zu sagen: „Der heilige Dominikus hat dies getan; also muß ich es tun. Der heilige Franziskus hat dies getan; also muß ich es tun." Auch diese Gedanken dauerten eine gute Weile. Und nachdem andere Dinge dazwischengekommen waren, folgten darauf die obengenannten Gedanken von der Welt. Und auch bei ihnen verweilte er einen großen Zeitraum. Und diese Aufeinanderfolge von so verschiedenen Gedanken dauerte bei ihm viel Zeit, wobei er sich immer bei dem Gedanken aufhielt, der wiederkehrte: sei es über jene weltlichen Großtaten, die er auszuführen verlangte, oder über jene anderen von Gott, die sich ihm für die Phantasie anboten – so lange, bis er aus Ermüdung damit aufhörte und auf andere Dinge achtete.

Es gab jedoch diesen Unterschied: Wann er an das von der Welt dachte, vergnügte er sich sehr. Doch wann er danach aus Ermüdung davon abließ, fand er sich trocken und unzufrieden. Und wann er daran dachte, barfuß nach Jerusalem zu gehen und nur Kräuter zu essen und alle übrigen Strengheiten auszuführen, von denen er las, daß die Heiligen sie ausgeführt hatten, war er nicht nur getröstet, während er bei diesen Gedanken war, sondern blieb auch, nachdem er davon abgelassen hatte, zufrieden und froh. Doch achtete er nicht darauf und verweilte nicht dabei, diesen Unterschied zu wägen, bis sich ihm einmal ein wenig die Augen öffneten und er begann, sich über diese Verschiedenheit zu wundern und über sie nachzudenken, da er durch Erfahrung erfaßte, daß er von den einen Gedanken traurig blieb und von den anderen froh. Und allmählich begann er, die Verschiedenheit der Geister zu erkennen, die sich bewegten, der eine vom Teufel und der andere von Gott. Dies war die erste Überlegung, die er in den Dingen Gottes anstellte. Und danach, als er die Übungen verfaßte, begann er von hieraus Licht für die Frage der Verschiedenheit der Geister zu gewinnen." (Nr. 5–8)

4.1. Unterscheidungsregeln I

Sinn und Ziel der Regeln

313 „Regeln, um einigermaßen die verschiedenen Regungen zu verspüren und zu erkennen, die in der Seele verursacht werden: die guten, um sie anzunehmen, die schlechten, um sie abzuweisen."

(Diese Gruppe I ist mehr für den Anfang gedacht.)

Wer sich dem Wirken Gottes aussetzt, gerät in Bewegung. Dies ist für Ignatius so selbstverständlich, daß er überzeugt ist, derjenige sei nicht ernsthaft bei der Sache, dem in den Geistlichen Übungen nichts dergleichen widerfährt (EB 6). Diese Regungen sind nicht etwa inhaltliche Erkenntnisse oder Einsichten, sondern innere Reaktionen, die sich bei dem Hören des Wortes Gottes ergeben. Auch sind damit nicht Willensanstrengungen, selbstgemachte Vorsätze oder Aktivitäten gemeint. Vielmehr geht es um Bewegungen, die „in der Seele verursacht" und von uns „verspürt" werden als etwas, das einfach da ist und uns treibt oder hemmt, beglückt oder niederdrückt. Diese spontanen inneren Lebensäußerungen, die vor aller bewußten Steuerung liegen, gilt es zunächst einmal wahrzunehmen, sie „zu verspüren" und nicht durch Einflüsse von außen oder eigene Ablenkungen zu übertönen. Wir suchen sie zu „erkennen" – ob sie „gut oder böse" sind –, und dies mit dem klaren Ziel, um den einen in uns Raum zu geben und die anderen abzuweisen.

Ignatius weiß, daß die eigentlichen Kräfte des Menschen aus der Tiefe unseres Wesens kommen und wir uns von dort her tragen, formen und führen lassen dürfen; nur müssen wir wissen, welchen wir uns

anvertrauen können und welchen nicht, damit wir uns ganz vom Heiligen Geist formen lassen. Diese Besinnung auf die inneren Vorgänge ist geistliches Tun und keineswegs Selbstanalyse. Wie wir eine Gewissenserforschung anstellen, um unsere Fehler zu erkennen, braucht es auch die Erkenntnis, daß dies und jenes gut war, damit wir dem Herrn dafür danken und mit um so größerer Klarheit auf diesem Weg weitergehen.
In den folgenden Regeln bezeichnet Ignatius die Bewegungen oft als Wirkungen des „guten oder bösen Engels", des guten Geistes oder des bösen Feindes und darum auch als „Gnaden" oder „Versuchungen". Diese direkte Redeweise erregt heute oft Anstoß, da man ja nicht alles Böse in uns gleich direkt dem Teufel zuschreiben kann und das Gute nicht einfach mit dem Heiligen Geist gleichsetzen darf.

Allerdings weiß der gläubige Christ, daß Gott selbst in uns „die Bereitwilligkeit wirkt und das Wirken, das Gefallen findet" (Phil 3,12), daß also letztlich alles Gute von Ihm getragen ist. Und alles was Ihm widerspricht, kommt letztlich aus einem widergöttlichen Einfluß, dem wir ausgesetzt sind. Beides aber klopft irgendwann an das Tor unserer Freiheit, vermittelt durch die verschiedensten psychischen und sozialen Faktoren. Die Tatsache, daß Ignatius selbst die „Geister" in seiner Überschrift als „Regungen" bezeichnet, weist darauf hin, daß er wohl um die vielen Zwischenursachen gewußt hat. Es ist nun keine grundsätzliche Frage, wenn gelegentlich die Vermittlungen, durch die wir jene Einflüsse erfahren, nicht eigens genannt werden, sondern die Terminologie sofort auf den Kern der Sache geht. Dies ist dann mehr eine theologische als eine psychologische Sprechweise. Man darf in den Regeln für „Geister" immer „gute oder schlechte Bewegungen" einsetzen.

Die zwei Grundrichtungen

Zuerst lehrt Ignatius, auf die Grundverfassung zu achten, in der ich mich befinde: ob ich in meiner Gesamthaltung meine eigenen Wünsche durchzusetzen suche und mich weder um das Gebot Gottes noch um den Anruf meines Gewissens kümmere (Ignatius nennt es drastisch: „von Todsünde zu Todsünde gehen"), oder ob ich ernsthaft bereit bin, dem Ruf Gottes zu folgen. Eine innere Bewegung, die dieser grundsätzlichen Ausrichtung entspricht, wird dann als angenehm empfunden, während die entgegengesetzte Bewegung Unruhe mit sich bringt, weil sie ihr ja widerspricht. So muß man als erstes auf die *Richtung* achten, die das eigene Leben im Augenblick hat: Ist sie schlecht, so ist Freude verdächtig und eine Unruhe heilsam; ist sie dagegen gut, ist eine entstehende Unruhe verdächtig und der Friede eine Bestätigung. Dabei sollten wir nicht skrupelhaft fragen: „Ich weiß ja nicht, ob ich wirklich auf Gott zugehe“. Selbstverständlich haben wir noch Fehler und offene Fragen, aber hier geht es nur darum, worauf sich mein Verlangen und Bemühen richtet. Das verzweifelte Starren auf das, was ich getan habe, macht unsere Existenz undurchlässig für die Gnade, verschlossen, ohne Gelöstheit und Empfänglichkeit.

314 Bei denjenigen, die von Todsünde zu Todsünde gehen, ist der Feind gemeinhin gewohnt, ihnen scheinbare Annehmlichkeiten vorzulegen, und läßt sie sich sinnliche Vergnügen und Annehmlichkeiten vorstellen, um sie mehr in ihren Lastern und Sünden zu erhalten und zu mehren. Und bei diesen Personen wendet der gute Geist die entgegengesetzte Weise an, indem er ihnen durch die Urteilskraft der Vernunft die Gewissen sticht und beißt.

315 Bei denjenigen, die intensiv dabei sind, sich von ihren Sünden zu reinigen und im Dienst Gottes, unseres Herrn, vom Guten zum Besseren aufzusteigen, ist es die umgekehrte Weise wie in der ersten Regel. Denn dann ist es dem bösen Geist eigen, zu beißen, traurig zu machen und Hindernisse aufzustellen, indem er mit falschen Gründen beunruhigt, damit man nicht weitergehe. Und es ist dem guten Geist eigen, Mut und Kräfte, Tröstungen, Tränen, Eingebungen und Ruhe zu schenken, indem er erleichtert und alle Hindernisse entfernt, damit man in guten Werken weiter vorangehe.

Mit „sinnlichen Gelüsten“ sind hier nicht in erster Linie sexuelle Reize gemeint (diese sind zunächst etwas Natürliches und Gesundes), sondern die ganze Breite menschlicher Werte und Empfindungen, *soweit* sie den Menschen fixieren, ihn also faszinieren, *ohne über sich hinauszuweisen:* Erfolg und Karriere ebenso wie Ansehen und Selbstrechtfertigung, Besitz, Annehmlichkeiten und dann gewiß auch eine ungeordnete Sexualität. Die Tendenz, in diesen Dingen Genüge zu finden, ist das Instrument, durch das ein Mensch mit negativer Grundrichtung festgehalten wird, während das Element der Unruhe bei ihm eher als ein Wirken von oben anzusehen ist.

Schwieriger scheint es, den entgegengesetzten Fall klar zu durchschauen. Wieviele, die Christus nachfolgen, werden gequält von vergangener oder gegenwärtiger Schuld! Immer wieder plagen sie sich damit ab; und wenn sie sich bei einem Fehler ertappen, kommt in ihnen der Gedanke auf: „Siehst du, du kannst es doch nicht", „du bist eben so schlecht" oder „aus dir wird nie etwas"! Solche Gedanken klären nicht und bauen nicht auf; sie sind darum nicht von Gott. Die größere Gefahr liegt also nicht in dem Fehler, den wir begangen haben, sondern in der Art und Weise, wie wir uns nachher davon quälen lassen. Dort steckt die weitere Versuchung, nämlich die zu Selbstvorwürfen, Gewissensqualen und Mutlosigkeit, und dahinter steckt letztlich Mißtrauen gegen Gott. Wahre Reue dagegen weiß zwar um den Fehler, den man begangen hat, läßt sich aber dadurch nicht niederdrücken, sondern bittet Gott vertrauend um Vergebung und nimmt diese Vergebung auch an! Hier liegt die positive Aufgabe nach einer erkannten Schuld: Im Aufblick zu Gott zugeben, daß ich Sünder bin, und annehmen, daß ich wieder neu durch ihn lebe. Dies ist wahre Reue, sie ist das Gegenteil von Angst und Gewissensqual. Wir müssen uns also darüber klarwerden, aus welchem Antrieb eine Schulderkenntnis kommt. „Niemand darf uns anklagen, außer der Heilige Geist."

Die beiden Grunderfahrungen des Menschen, der „im Dienst Gottes vorangeht".

Von jetzt an spricht Ignatius nur noch von Menschen, die ehrlich bemüht sind, dem Ruf Gottes zu folgen, also von solchen, die in der letztgenannten Regel angesprochen waren (315). Zunächst erläutert er die beiden grundlegenden Erfahrungen eines solchen Menschen, auf die alles andere immer wieder zurückzuführen ist. Ignatius arbeitet damit die beiden Grundbegriffe heraus, die gewissermaßen das Handwerkszeug bilden. Darum ist es wichtig, diese beiden Regeln gut zu verstehen. Man muß sie immer wieder lesen und durchbeten.

316 Von geistlicher Tröstung.

Ich nenne es „Tröstung", wann in der Seele irgendeine innere Regung verursacht wird, mit welcher die Seele dazu gelangt, in Liebe zu ihrem Schöpfer und Herrn zu entbrennen; und weiterhin, wann sie kein geschaffenes Ding auf dem Angesicht der Erde in sich lieben kann, sondern nur im Schöpfer von ihnen allen. Ebenso, wann sie Tränen vergießt, die zu Liebe zu ihrem Herrn bewegen, sei es aus Schmerz über ihre Sünden oder über das Leiden Christi, unseres Herrn, oder über andere Dinge, die geradeaus auf seinen Dienst und Lobpreis hingeordnet sind. Überhaupt nenne ich „Tröstung" alle Zunahme an Hoffnung, Glaube und Liebe und alle innere Freudigkeit, die zu den himmlischen Dingen ruft und hinzieht und zum eigenen Heil seiner Seele, indem sie ihr Ruhe und Frieden in ihrem Schöpfer und Herrn gibt.

317 Von geistlicher Trostlosigkeit.
Ich nenne „Trostlosigkeit" das ganze Gegenteil der dritten Regel, wie Dunkelheit der Seele, Verwirrung in ihr, Regung zu den niederen und irdischen Dingen, Unruhe von verschiedenen Bewegungen und Versuchungen, die zu Unglauben bewegen, ohne Hoffnung, ohne Liebe, wobei sich die Seele ganz träge, lau, traurig und wie von ihrem Schöpfer und Herrn getrennt findet. Denn wie die Tröstung der Trostlosigkeit entgegengesetzt ist, so sind auf die gleiche Weise die Gedanken, die von der Tröstung ausgehen, den Gedanken entgegengesetzt, die von der Trostlosigkeit ausgehen.

Die positive Grunderfahrung nennt Ignatius „geistliche Tröstung" (consolatio). Damit ist wesentlich mehr gemeint, als in unserem heutigen deutschen Wort anklingt. Dennoch wollen wir dieses Wort nicht ändern, wir müssen es nur stets in dem volleren Sinn verstehen. Wie wir sehen, geht es hier um die *Bewegung auf Gott hin,* die immer von einem positiven Affekt begleitet ist. Aber nicht nur dieser Affekt wird Trost genannt (wozu das deutsche Wort verleitet), sondern die ganze Bewegung, also der Zug zu Gott selbst hin, Vertrauen und Liebe zu Ihm! Diese Bewegung kann auch von schmerzlichen Affekten begleitet sein, die aber dennoch als positiv empfunden werden. Tränen sind ihrer inneren Qualität nach durchaus ambivalent: Sie entspringen immer aus einem Leid oder einer Grenzerfahrung, können aber dann bei diesem Leid stehen bleiben, sich verschließen, verkrampfen und sich bis zu ohnmächtiger Wut steigern, oder können über das Leid hinausführen, öffnen, befreien und lösen. Wir merken es sehr schnell, wenn wir uns fragen, ob unsere Tränen ein Gegenüber haben oder nicht. Tränen, die zu Gott hin öffnen, kommen auch von Gott und werden von Ignatius ebenfalls „Tröstung" genannt.

Ferner ist zu beachten, daß das Ziel dieser (tröstlichen) Regung nicht etwa nur Gott selbst ist, sondern daß es zugleich auch jedes Geschöpf sein kann, wenn es „in seinem Schöpfer" geliebt wird, oder „in Christus" und „im Geiste" (Paulus). Geistlicher Trost öffnet also den Menschen auch zur Schöpfung, besonders zum Menschen hin. Dieses „Gott finden in allen Dingen" ist ein Charakteristikum ignatianischer Gotteserfahrung und bildet in der „Betrachtung zur Erlangung der Liebe" den Abschluß der „Geistlichen Übungen" (EB 230–237). Die Schöpfung und vor allem die Menschen sind nicht etwa nur Durchgang zu Gott hin, sondern sind zugleich auch selbst liebenswürdig, da sie Bild und Gabe Gottes sind und so in Ihm und mit Ihm zusammen geliebt werden können. Hier entfaltet sich ein wunderbarer Reichtum christlicher Frömmigkeit, da Gott nicht nur über uns ist, sondern durch Seinen Geist auch in uns und zwischen uns und dadurch jedem Geschöpf seinen wahren Wert verleiht.

Man darf also die Regel 314 nicht mißverstehen, als ob sinnenhafte Freude an der Schöpfung etwas Schlechtes wäre. Und auch in 317 ist mit der „Regung zu den niederen und irdischen Dingen" nicht etwa die „Freude an den kleinen Dingen" verpönt. Vielmehr geht es um eine Hin-Neigung, welche die geschöpflichen Werte unbedingt haben will und sie nicht in ihrer Beziehung zu Gott sieht; wenn wir einem Sog erliegen und dabei zu Sklaven unserer Begierden werden; wenn wir nach einer Zeit geistlicher Freude plötzlich zu Gott hin keine Verbindung mehr spüren und geradezu Widerwillen gegen das Beten empfinden. Oft ist Hektik, Unruhe und Maßlosigkeit damit verbunden. Die „niederen Dinge", die uns dann gefangennehmen, können auch hohe geistige Werte sein wie Wissenschaft oder Karriere. Aber sie werden in einer „niedrigen" unguten Weise angegangen, wobei wir einem faszinierenden Sog erliegen und etwas von der inneren Ruhe und Freiheit verlieren, die wir vorher hatten. Viele „stürzen" sich dann in die Arbeit, um die innere Leere zu überspielen. Aber die „Trostlosigkeit" kann sich auch an kleinen Dingen festkrallen wie Eßlust oder Fernsehen. Das entscheidende Kennzeichen ist, daß der Mensch sich in Bezug auf Gott „träge und lau" vorfindet, daß ihm die Beziehung zu Gott auf einmal keine Freude mehr macht. Dies ist der Kern der geistlichen „Trostlosigkeit".

Wer sich unsicher ist, ob eine Traurigkeit von dieser Art ist oder lediglich eine psychische Stimmung, die durch Wetter, Krankheit oder Mißerfolg bedingt sein kann, der soll sich auf Gott ausrichten. Wenn die Verbindung zu Gott im Grunde gleich geblieben ist oder zumindest keine spürbare Entfremdung eingetreten ist, dann liegt wohl nicht die hier gemeinte Trostlosigkeit vor. Selbstverständlich kann eine geistliche Trockenheit an solchen negativen Erfahrungen anknüpfen. Auf diese Weise lernen wir allmählich zwischen rein psychischen und geistlichen Vorgängen zu unterscheiden. Ich sage ‚rein psychisch', denn auch geistliche Vorgänge haben selbstverständlich immer eine psychische Komponente, nur liegt dann das Zentrum in der Ebene der Gottesbeziehung.

Wie die „Tröstung" also nicht nur ein positives Gefühl, sondern die Verbindung mit Gott bezeichnet, so meint „Trostlosigkeit" nicht nur einen düsteren Affekt, eine traurige Stimmung, sondern eine negative Gesamttendenz, in der die Gemeinschaft mit Gott wie abgeschnitten scheint. Es ist eine Finsternis, die im Innern „der Seele" liegt und mit der eine gewisse Heiterkeit nach außen ebenso verbunden sein kann wie eine gedrückte Stimmung, die aber dann nicht jene Mitte betrifft, also nicht geistlicher Art ist. Letztere kann freilich die Trostlosigkeit noch verstärken. Es ist nicht leicht zu entscheiden, was nun anlage- und temperamentsmäßig bedingt ist und was aus einer geistlichen Trostlosigkeit herrührt. Oft erfährt der Mensch, der in seiner Grundausrichtung auf Gott zugeht, eine gewisse Gespaltenheit, weil seine geistliche und seine natürlich-menschliche Befindlichkeit nicht harmonieren, sondern einen – mehr oder weniger deutlichen – Mißton ergeben. Geistliche Tröstung dagegen schenkt die Erfahrung einer wachsenden Einheitlichkeit und Ganzheit. Um Mißverständnissen vorzubeugen: Die Trostlosigkeit oder das Fehlen der spürbaren Nähe Gottes bis hin zur Tendenz „weg von Gott" ist nicht etwa in sich schuldhaft, da sie zunächst eine spontan auftretende Bewegung ist. Sie kann aus Schuld herrühren, muß aber nicht, wie wir im folgenden (322) sehen werden. Doch führt sie oft zu der Verschung, die geistliche Trockenheit, statt sie auszuhalten, dadurch zu kompensieren, daß man in ‚machbaren' Dingen einen ‚Ersatz' sucht. Damit werden diese Werte zu ‚Götzen'.

Hinweise für das Verhalten in Zeiten der Finsternis und Anfechtung.

Im Leben mit Gott sind zwei Dinge wichtig: Zu wissen, unter welchem Einfluß man steht (wenn man will: „woher der Wind weht“ vgl. Joh 3,8) und dann zu wissen, was man tun muß. Dies ist viel entscheidender als lange inhaltliche Überlegungen und tiefschürfende Selbstanalysen. So sollen wir auch im seelsorglichen Gespräch nicht vor allem davon reden, was wir denken und fühlen, sondern vor allem berichten, was wir tun. Dabei kommt es besonders auf die formalen Elemente an, wie die folgenden Regeln zeigen, so daß man darüber auch sprechen kann, ohne alle inhaltlichen Einzelheiten zu erwähnen. Dem Exerzitienbegleiter (und jedem, der um seelsorglichen Rat angegegangen wird) sagt Ignatius (EB 17): „Es bringt großen Nutzen, wenn er, ohne zu versuchen, die persönlichen Gedanken und Sünden dessen, der die Übungen macht, auszuforschen und kennenzulernen, doch getreu unterrichtet ist über die verschiedenen Regungen und Gedanken, welche die verschiedenen Geister diesem einflößen; so kann er ihm Ratschläge geben, die dem Bedürfnis einer derartig bewegten Seele angepaßt und angeglichen sind.“

318 Zur Zeit der Trostlosigkeit niemals eine Änderung machen, sondern fest und beständig in den Vorsätzen und dem Entschluß stehen, in denen man an dem solcher Trostlosigkeit vorangehenden Tag stand, oder in dem Entschluß, in dem man in der vorangehenden Tröstung stand. Denn wie uns in der Tröstung mehr der gute Geist führt und berät, so in der Trostlosigkeit der böse, mit dessen Ratschlägen wir nicht den Weg einschlagen können, um das Rechte zu treffen.

319 Wiewohl wir in der Trostlosigkeit nicht die ursprünglichen Vorsätze ändern dürfen, ist es doch sehr von Nutzen, sich intensiv gegen die Trostlosigkeit selbst zu ändern, wie es geschieht, indem wir mehr Nachdruck auf das Gebet, die Besinnung, auf vieles Erforschen legen und indem wir uns in irgendeiner angebrachten Weise, Buße zu tun, länger einsetzen.

320 Wer in Trostlosigkeit ist, erwäge, wie der Herr ihn zur Probe in seinen natürlichen Möglichkeiten gelassen hat, damit er den verschiedenen Bewegungen und Versuchungen des Feindes widerstehe. Denn er kann es mit der göttlichen Hilfe, die ihm im-

mer bleibt, auch wenn er sie nicht deutlich verspürt, weil ihm der Herr seine große Begeisterung, gesteigerte Liebe und intensive Gnade entzogen hat, wobei ihm jedoch immer ausreichende Gnade für das ewige Heil bleibt.

321 Wer in Trostlosigkeit ist, mühe sich, in der Geduld auszuharren, die den Belästigungen entgegengesetzt ist, die ihm kommen. Und er denke, daß er rasch getröstet werden wird, und treffe die Maßnahmen gegen diese Trostlosigkeit, wie es in der sechsten Regel (319) gesagt worden ist.

In der Regel 318 sehen wir, daß Ignatius „Tröstung“ nicht einfach mit dem Wirken des guten Geistes gleichsetzt, sondern sie mehr als den Raum auffaßt, in dem jener besser wirken kann. Ignatius weiß sehr wohl, daß die „Regungen in der Seele“ auch menschliche Vorgänge sind (vgl. u. EB 336). Nur sind die positiven Gott mehr entsprechend, und darum ist der Mensch in dieser Verfassung besser disponiert, Seinen Willen zu erkennen. Wahre Liebe macht sehend, nur Leidenschaft macht blind. Falls eine Änderung notwendig wird, muß sie in Klarheit und nicht unter Druck geschehen. Gott wird Klarheit und Frieden schenken, wenn wir zunächst durchhalten. Oft entscheidet sich an der Befolgung dieser Regel der weitere Fortschritt.

Wenn Ignatius in der nächsten Regel (319) zur größeren Entschiedenheit auffordert, ist damit kein Rigorismus gemeint, als ob wir durch unser Tun Gott zwingen sollten; aber es ist zu dieser Zeit gut, ein Zeichen der Treue und Liebe zu setzen. Was Ignatius meint, erklärt er (in EB 13) am Beispiel der vollen Betrachtungsstunde, die man sich in den Exerzitien vorgenommen hat: „Wie es in der Zeit der Tröstung leicht und unbeschwerlich ist, in der Betrachtung eine ganze Stunde zu verharren, so ist es in der Zeit der Trostlosigkeit sehr schwierig, sie auszufüllen. Um gegen die Trostlosigkeit vorzugehen und die Versuchungen zu besiegen, soll die Person, die sich übt, immer ein wenig mehr als die volle Stunde ausharren, damit sie sich nicht nur daran gewöhnt, dem Feinde zu widerstehen, sondern ihn auch niederzuwerfen.“ Vielen hilft es dann, sich ein Kreuz, ein Schriftwort oder ein Bild auf den Tisch zu legen, um sich bewußt – in einer Art Gegenbewegung – immer wieder Christus zuzuwenden.

Davon ist zu unterscheiden, was häufig im geistlichen Leben geschieht: Wir haben uns etwas auf längere Zeit vorgenommen und sehen, daß wir es nicht schaffen. Dann nehmen wir noch mehrmals Anlauf, kommen aber immer wieder zu dem gleichen Ergebnis. Wer sich darin verbohrt, kann schließlich zu einer völligen Entmutigung kommen. In einem solchen Fall sollten wir uns fragen, ob der Vorsatz in dieser Weise überhaupt richtig war oder ob Gott uns nicht in anderer Weise helfen will. Dann ist ein geistliches Gespräch geraten. Was Ignatius dagegen hier meint, ist eine Sofortreaktion auf eine aktuelle Versuchung, die „in einer angebrachten Weise" geschehen soll, wobei der größere Eifer im Gebet nicht unbedingt in längerer Gebetszeit besteht, das „Mehr" an Buße keinen Aktivismus meint und das „Erforschen" nicht in ein grüblerisches Kreisen um sich selbst führen darf. Das „Mehr" liegt in der größeren Aufmerksamkeit des Herzens. Diese braucht keine großen Leistungen. Oft sind es kleine freiwillige Verzichte, die das Feuer der Liebe wieder anfachen und das Herz reinigen.

Gründe für die Trostlosigkeit

Was Ignatius mit „Trostlosigkeit" meint, ist nicht eine Alltagsstimmung oder körperlich-geistige Erschöpfung, sondern daß wir „keinen Geschmack an Gott haben" (vgl. o. EB 317). In einer solchen Zeit der Trockenheit darf man sich nicht schrecken lassen durch den Gedanken: ‚Ich bin auf einem falschen Wege' oder ‚dieses Leben mit Gott führt zu nichts'. Wie ist aber dann ein solcher Zustand zu erklären?

322 Drei Hauptgründe sind es, warum wir uns trostlos finden:
Der erste ist: Weil wir lau, träge oder nachlässig in unseren geistlichen Übungen sind; und so entfernt sich wegen unserer Fehler die geistliche Tröstung von uns.
Der zweite: Um uns zu prüfen, für wieviel wir taugen und wieweit wir uns in seinem Dienst und Lobpreis ohne solchen Sold an Tröstungen und gesteigerten Gnaden länger einsetzen.
Der dritte: Um uns wahre Kenntnis und Einsicht zu geben, damit wir innerlich verspüren, daß es nicht bei uns liegt, gesteigerte Andacht, intensive Liebe, Tränen oder irgendeine andere geistliche Tröstung herbeizubringen oder zu haben, sondern daß alles Gabe und Gnade Gottes, unseres Herrn, ist; und da-

mit wir uns nicht in fremder Sache einnisten, indem wir unseren Verstand zu irgendeinem Hochmut oder eitlem Ruhm erheben und die Andacht oder die anderen Eigenschaften der geistlichen Tröstung uns zuschreiben.

Was den ersten Punkt betrifft, müssen wir uns vor einer unfruchtbaren Beschäftigung mit unseren Fehlern hüten. Sonst wäre genau das Gegenteil erreicht. Viele Menschen, die es gut meinen, sind gerade in dieser Situation für ,Grübeln' besonders anfällig! Wenn wir nach einer ruhigen Prüfung einige Fehler feststellen, werden wir den Herrn um Vergebung bitten. Wären diese der Hauptgrund der Trostlosigkeit, müßte schon eine deutliche Schuld vorliegen, die uns beim Nachdenken klar werden und zur Reue führen würde.

Wenn die Trostlosigkeit jedoch bleibt, handelt es sich vielleicht um den zweiten Punkt unserer Regel: Gott will uns prüfen! Ist das nicht ein Zeichen, daß er uns ernst nimmt, daß er sich um uns kümmert und uns weiterführen will? Wenn wir ihm vorher unser Leben gegeben haben, nimmt er uns nun beim Wort. Wir können ihm jetzt beweisen (und uns!), daß wir es ehrlich gemeint hatten! Damit hat sich die Unruhe als Störung entpuppt (s.o. EB 315), von der wir uns nicht irritieren lassen. Wenn wir auch die Last der Trostlosigkeit noch eine Weile zu tragen haben, so lassen wir dann doch im Gewissen keine Unruhe mehr aufkommen und werden dem Herrn von neuem sagen, daß wir ihm treu sein wollen. „Der Herr hat es gegeben, der Herr hat es (die Tröstung) genommen, der Name des Herrn sei gepriesen" (Ijob 1,21).

Hierzu wieder ein Kommentar aus dem „Bericht des Pilgers" (21): Die erste Zeit, nachdem Igantius ein strenges Leben in Armut und Gebet begonnen hatte, „befand er sich durchwegs in einem ausgeglichenen Zustand. Beständig spürte er in sich eine gleichmäßige Freude und kannte sich doch noch gar nicht in den Fragen des inneren, geistlichen Lebens aus." Nach einiger Zeit aber begann er in seiner Seele einen merkwürdigen Wandel zu verspüren. „Einmal fand er sich so unlustig, daß er gar keine Freude mehr am Gebet, bei der Mitfeier der Messe oder an anderen Gebetsübungen hatte, die er verrichtete. Und ein andermal überkam ihn wieder genau das Gegenteil von dem, und zwar so plötzlich, daß es ihm dünkte, die Traurigkeit und Trostlosigkeit seien ihm abgenommen worden, wie man einem anderen Menschen einen Mantel von dessen Schultern abnimmt. Da fing er an, diesen Wechsel, den er früher nie bemerkt hatte, staunend zu beobachten, und er meinte bei sich: Was für ein neuartiges Leben soll das werden, das wir jetzt beginnen?" In dieser Zeit unterhielt er sich indes ab und zu mit religiös interessierten Leuten, die ihn sehr schätzten und mit ihm zu verkehren wünschten. „Zwar hatte er noch keine tiefere Kenntnis des geistlichen Lebens, aber es zeigte sich in seinem Reden ein großer Eifer und eine feste Entschlossenheit, im Dienste Gottes Fortschritte zu machen."

Die Trostlosigkeit ist wie eine Mauer zwischen mir und Gott. Rührt sie aus meiner Schuld, dann habe ich sie selbst aufgebaut und stütze sie immer neu, solange ich in der sündigen Haltung bleibe. Dann baut Gott diese Mauer nur ab, wenn ich seinem Impuls zur Umkehr folge und ihn um Vergebung bitte. – Ist diese Mauer aber aus anderen Gründen entstanden – ein häufiges Kennzeichen ist, daß eine Tröstung plötzlich aufhört oder der Anfang der Trostlosigkeit an keinem Inhalt festgemacht werden kann –, dann gibt es von mir her keine Beziehung zu dieser Barriere. Ich erfahre die Trostlosigkeit vielmehr wie etwas, das nach mir greift, während ich im Tiefsten in mir weiterhin zu Gott möchte (aber es nicht kann). Wenn ich also in mir erkenne, daß ich meine Entscheidung für ihn nie geändert oder zurückgenommen habe, dann ist diese Dunkelheit wohl nicht Folge einer Schuld von mir. Dann kann ich die Verbindung zu Gott suchen durch Erinnern an sein Wort und an das vorausgehende Geschenk seiner Tröstung. Damit ‚unterlaufe' ich sozusagen jene Sperre. Ich lasse mich nicht davon einschüchtern und bestimmen, aber überlasse es Gott, wann und wie er die Mauer wegnimmt, um mir wieder einen ‚ungestörten' Zugang zu ihm zu schenken. Für ihn selbst aber ist *diese* Barriere kein Hindernis; er ist mir zugewandt, ob ich es spüre oder nicht.

Der dritte Punkt unserer Regel (322) erinnert uns daran, daß wir es hier mit Geschenken zu tun haben. Wenn mir gestern jemand ein großes Geschenk gemacht hat, ist er nicht verpflichtet, mir heute noch einmal dasselbe zu geben. Auch wenn Gott uns gern und reichlich gibt, weil er unser Schöpfer ist, so haben wir doch kein ‚Recht' auf die geistlichen Tröstungen. Zu schnell gewöhnen wir uns an das, was wir zunächst mit Staunen aufgenommen haben. Damit also unser Herz wachsam bleibt, in der Haltung des Empfangens, läßt Gott uns erfahren, daß wir seine geistlichen Gaben nie ,in der Hand haben'.

Wenn auf einmal die große Freude wieder verschwindet, zieht mancher daraus den Schluß, daß vielleicht alles, was er vorher erlebt hatte, nur Täuschung war. Hier lehrt uns Ignatius, die Logik umzukehren: Wenn du heute merkst, daß du jene Leichtigkeit der Bewegung auf Gott hin, die du gestern gehabt hast, nicht zustande bringst, dann lerne daraus, daß sie auch gestern nicht dein Werk war, sondern ein Geschenk Gottes! Sei dann dankbar für das, was gewesen ist. Versuche nicht, jenes Geschehen zu wiederholen; schau aber auch nicht auf deine Traurigkeit, sondern versuche, dich an das frühere Geschenk zu erinnern und Gott dafür zu danken, daß du es gehabt hast! So kann bei aller Belastung doch im Tiefsten Friede in uns sein. Selbstverständlich dürfen wir, wie Jesus am Ölberg, den Vater darum bitten, uns aus dieser Not herauszuholen, aber in der Grundhaltung Jesu: „Vater, nicht mein Wille geschehe, sondern der Deine".

Praktische Hinweise für das Verhalten bei Auftrieb und geistlicher Freude

323 Wer in Tröstung ist, denke, wie er sich in der Trostlosigkeit verhalten wird, die danach kommen wird, indem er für dann neue Kräfte sammelt.

324 Wer getröstet ist, bemühe sich, sich zu verdemütigen und zu erniedrigen, sosehr er kann. Er denke, für wie wenig er in der Zeit der Trostlosigkeit ohne diese Gnade oder Tröstung taugt. Umgekehrt denke, wer in Trostlosigkeit ist, daß er mit der ausreichenden Gnade viel vermag, um allen seinen Feinden zu widerstehen, indem er Kräfte in seinem Schöpfer und Herrn sammelt.

Hier soll nicht etwa das Halleluja verdächtigt, sondern nur sein Mißbrauch verhindert werden. Echtes geistliches Leben ist immer bescheiden und ehrfürchtig, weil der Mensch zutiefst erfährt, daß das alles Gnadengeschenk (Charisma) ist. Dies ist dann der Fall, wenn in uns spontaner Dank aufbricht. Wenn wir in dieser Haltung der Dankbarkeit bleiben, sind wir bei aller Freude doch immer in einem inneren Gleichgewicht.
Ignatius warnt davor, in einer freudigen Verfassung „ein Verspre-

chen oder irgendein Gelübde unüberlegt und überstürzt abzulegen" (EB 14). Gott hat Zeit, der Teufel drängt zur Eile.

Drei Verhaltensweisen des Feindes und wie man ihnen begegnet.

Bei der folgenden Regel werden wir uns nicht an dem von Ignatius gewählten Bild aufhalten, sondern darauf achten, was er damit über den entscheidenden Kampf unseres Lebens sagen will. Der Vergleich mit 326, wo die Frau die gute und der falsche Liebhaber die böse Rolle spielt, zeigt, daß hier natürlich keine geschlechtsspezifischen Wertungen gegeben werden sollen. Es handelt sich um Beispiele für die Notwendigkeit entschiedenen und aufrichtigen Verhaltens.

325 Der Feind verhält sich wie eine Frau. Er wird durch Kraft schwach – und stark bei Nachgiebigkeit. Denn so, wie es der Frau eigen ist, wann sie mit einem Mann streitet, den Mut zu verlieren und die Flucht zu ergreifen, wann ihr der Mann die starke Stirn zeigt; und umgekehrt, wann der Mann zu fliehen beginnt und den Mut verliert, die Wut, Rachsucht und Wildheit der Frau sehr gesteigert und so ohne Maß ist; auf die gleiche Weise ist es dem Feind eigen, schwach zu werden und den Mut zu verlieren, so daß seine Versuchungen fliehen, wenn derjenige, der sich in den geistlichen Dingen übt, gegen die Versuchungen des Feindes die starke Stirn zeigt und das genaue Gegenteil tut; und umgekehrt, wenn derjenige, der sich übt, beginnt, Furcht zu haben und im Ertragen der Versuchungen den Mut zu verlieren, gibt es auf dem Angesicht der Erde keine so wilde Bestie wie den Feind der menschlichen Natur bei der Verfolgung seiner verworfenen Absicht mit so gesteigerter Bosheit.

Die „starke Stirn zeigen" können wir nur aus der Kraft Gottes, wie Ignatius eben in der vorigen Regel erklärt hatte. Wir werden also zu den Waffen des Geistes greifen, die der Heilige Geist selbst in uns wirkt (Eph 6,10–20) und uns nicht wie ein Dompteur benehmen, da wir den „Mächten und Weltherrschern dieser Finsternis" selbst keineswegs gewachsen sind.

326 Ebenso verhält er sich wie ein falscher Liebhaber. Er will verborgen sein und nicht entdeckt werden. Denn so wie der falsche Mensch, der zu bösem Ziel redet und der Tochter eines guten

> Vaters oder der Frau eines guten Gatten Anträge macht, will, daß seine Worte und Überredungskünste geheim bleiben, und ihm das Gegenteil sehr mißfällt, wenn die Tochter ihrem Vater oder die Frau ihrem Gatten seine falschen Worte und seine verdorbene Absicht entdeckt, weil er leicht folgert, daß er mit dem begonnenen Unternehmen nicht zu Ende kommen kann; auf die gleiche Weise will und wünscht der Feind der menschlichen Natur, wenn er der gerechten Seele seine Listen und Überredungskünste zuwendet, daß sie im geheimen aufgenommen und festgehalten werden. Doch wenn sie sie ihrem guten Beichtvater entdeckt oder einer anderen geistlichen Person, die seine Täuschungen und Bosheiten kennt, so grämt ihn das sehr. Denn er erfaßt, daß er mit seiner begonnenen Bosheit nicht zu Ende kommen kann, weil seine offenbaren Täuschungen aufgedeckt worden sind.

Dies ist gewiß eine der wichtigsten Hilfen, um Versuchungen zu überwinden. Wenn wir es *nach* einer Tat fertigbringen müssen, eine begangene Schuld im Sakrament der Versöhnung zu bekennen, warum sollten wir dann nicht schon die Versuchung selbst, die ja noch keine Schuld ist, sagen können? Aber gerade hier gibt es oft unerklärliche Hemmungen. Auch Jesus stand unter der Versuchung! Freilich, Versuchungen treffen uns immer an einem wunden Punkt. Daher haben wir uns oft schon mit ihnen identifiziert, ehe wir sie als solche erkannt haben, und dann ist es schwer, zwischen den Gedanken, die in meinem unerlösten Herzen verwurzelt sind, und denen, die sich mir aufdrängen, zu unterscheiden. Da diese Gedanken sich häufig ins Maßlose steigern, wird die Beschämung um so größer. Hier liegt jedoch ein Trugschluß, denn ich schäme mich dann über etwas, was ich in diesem Ausmaße nicht bin. Ignatius sagt: daß „die Listen und Überredungskünste des *Feindes*“ aufgedeckt werden, also die eines anderen! Im vollen Sinn *meine* Gedanken werden sie erst, wenn ich in sie einwillige! Wir brauchen als Gesprächspartner dann einen geistlichen Menschen unseres Vertrauens, und dies besonders, wenn wir unsicher sind, ob dieser oder jener Gedanke wirklich eine Versuchung ist oder nicht.

Geistliche Beratung andererseits besteht nicht darin, dem Ratsuchenden die eigene Ansicht einzureden, sondern ihm zu helfen, selbst Klarheit vor Gott zu finden. Denn wenn ein Mensch ein echtes geistliches Leben führt, ist es nach Ignatius „viel besser, daß der Schöpfer und Herr selber sich der Ihm hingegebenen Seele mitteile, sie zu Seiner Liebe und Seinem Lobpreis entflamme und sie zu dem Weg bereit mache, auf dem sie ihm künftig besser dienen kann." (EB 14) Oft wird im Gespräch dem betreffenden selbst klar, was er tun soll. Wenn dieser Raum der persönlichen Erkenntnis und Entscheidung gewahrt ist, kann aber eine Mitteilung nie verkehrt sein, während das Für-sich-Behalten eine Belastung ist. Entweder wird im Gespräch deutlich, daß hier eine Versuchung vorliegt, oder ich erlebe, daß die Sache gar nicht das Gewicht hat, das ich ihr in der Heimlichkeit meines Herzens gegeben hatte, oder ich erkenne, daß in dem was mir wie eine Versuchung erschien, ein echter Anruf Gottes verborgen liegt. Man denke nur an Petrus, der unreine Tiere essen sollte (Apg 10,10–16).[8]

327 Ebenso verhält er (der Feind) sich wie ein Anführer, um zu siegen und zu rauben, was er wünscht. Denn wie ein Hauptmann oder Anführer des Feldlagers in Stellung geht und die Kräfte oder die Verfassung einer Burg anschaut und sie auf der schwächsten Seite angreift, so zieht auf die gleiche Weise der Feind der menschlichen Natur umher und schaut ringsum alle unsere theologischen, kardinalen und sittlichen Tugenden an. Und wo er uns am schwächsten und am meisten in Not für unser ewiges Heil findet, dort greift er uns an und bemüht sich, uns zu nehmen.

Der Böse sucht also immer unsere schwächste Stelle. Daraus wird oft der Schluß gezogen: Also muß ich mich in meinem Kampf ganz auf diese schwächste Stelle konzentrieren. Ignatius gibt darum in einem anderen Zusammenhang einmal den Rat, zum geistlichen Fortschritt immer zwei Dinge zugleich zu tun: Etwas, das mir gut gelingt und worin mir der Herr Freude schenkt und zugleich auf einen Punkt zu achten, wo ich schwach bin. Das erste liefert die Kraft für das zweite, es ist gleichsam der Motor für jene Anstrengung.

Wir wollen das, was wir über die Grundausrichtung gehört haben, noch einmal im Hinblick auf einzelne kleinere Vorgänge betrachten. Wer grundsätzlich auf Gott zugeht, erfährt sein Wirken immer als

[8] Vgl. schon jetzt den Auszug aus dem Pilgerbericht u. bei Nr. 333.

Stärkung und Ermutigung. Das schließt aber nicht aus, daß Gott auch am Werke ist, wenn ich innerlich bedrückt bin. Aber Gott ist dann nicht in dem „Druck“, sondern in dem, was diesem Druck widersteht, also in der positiven Kraft. Trotz der guten Grundverfassung fehlen wir immer wieder, und das kann Gott nicht gutheißen. Darum wird er uns immer wieder zurechtweisen und unsere Fehler zeigen. Aber auch dann wirkt sein Vorwurf nie verwirrend oder deprimierend, sondern schafft Klarheit und bewegt uns zur Liebe! Dies gilt sogar von den „Gewissensbissen“, von denen in der ersten Regel (314) die Rede war. Wenn dagegen Beschäftigung mit Schuld zu Düsterkeit und zu einem Kreisen um sich selbst führt, dann soll ich, soweit es an mir liegt, das Ganze nicht beachten, sondern mich immer wieder Gott zuwenden und Ihn selbst betrachten. Er wird es mir dann schon zeigen, wenn bei mir etwas nicht in Ordnung ist.

Nun ist klar, daß dieses Umwenden der Aufmerksamkeit keine Verdrängung ist, sondern aus der Haltung kommt, nur auf Seine Stimme zu hören. Es ist eben ein großer Unterschied, ob mir mein Zustand von Gott oder vom Bösen gezeigt wird! Das Gleiche gilt von Dingen, die vor mir liegen. Ist ein Gedanke oder Anruf begleitet von dem Vertrauen, daß Gott mir die Kraft dazu gibt – selbst wenn es schwierig erscheint –, dann ist das ein gutes Zeichen. Wenn ich mich aber ohnmächtig und leer fühle, muß ich genauer zuschauen, ob es sich nicht um eine Täuschung handelt.

Dazu sei auf Regel 326 verwiesen und auf einen Text des „Pilgers“ (Nr. 20): In der Zeit, während der er häufig eine merkwürdige, schlangenartige Erscheinung hatte, die er erst viel später als Versuchung durchschaute, „überfiel ihn übermächtig ein Gedanke, der ihm sehr zusetzte. Vor seine Seele traten nämlich die Schwierigkeiten seines derzeitigen asketischen Lebens, und es war, als ob jemand in seinem Inneren zu ihm sagte: „Wie wirst du ein derartiges Leben aushalten können während der siebzig Jahre, die du noch zu leben hast? Aber darauf erwiderte er, gleichfalls in seinem Inneren, mit einer großen Entschiedenheit – denn er merkte wohl, daß die Frage vom bösen Feind kam: Du Elender, kannst du mir auch nur eine einzige Stunde, die ich noch zu leben hätte, wirklich zusichern? So überwand er die Versuchung, die ihn nach dem, was zuvor über die schlangenartige Erscheinung berichtet wurde, überkam. Das ganze ereignete sich, als er eben eine Kirche betreten wollte, wo er täglich das Hochamt, die Vesper und die Komplet hörte. Und er verspürte dabei großen Trost. Gewöhnlich las er bei der Messe die Leidensgeschichte. Und seine innere Ausgeglichenheit dauerte an."

Schließlich kann sich Freude oder Verwirrung auch auf andere Menschen beziehen. Wenn ich bei Gedanken an andere oder beim Gebet für sie von tiefer, gelöster Freude erfüllt werde, ist das ein gutes Zeichen. Wenn ich bedrückt bin, muß ich genauer zuschauen: Liegt darin ein echtes Mitleiden mit der Not des anderen, das zu einem inneren Mittragen führt, wobei ich mich ihm nicht überlegen fühle, sondern solidarisch an seiner Seite, so daß ich dabei die ganze Hoffnung auf Christus setze, liegt darin wohl ein Anruf von oben. Manchmal aber befällt uns ein ohnmächtiges Gefühl des Mitleidens oder eine Angst, eine gewisse Panik und Hektik, die zu allen möglichen Aktivitäten drängt und Aufregung bringt. Dann sollten wir sehr skeptisch sein, ob hier nicht in der Sorge um den Bruder ungeläuterte Motivationen und Einflüsse mitschwingen, vielleicht einfach deshalb, weil ich mein Gewissen zu seinem Gewissen mache, mich also in falscher Weise verantwortlich fühle und ihn nicht ihn selbst sein lasse.

Vorsicht ist besonders dann geboten, wenn uns Angst vor dämonischen Einflüssen überkommt. Nicht das Wissen um dämonische Einflüsse oder das Bedrängtwerden, sondern die Angst davor ist verdächtig. Es gibt eine feine Grenze zwischen Leiden und Sich-Quälen, zwischen echter Anteilnahme an Leid oder Versuchung des Bruders und dem unruhigen Drang, ihm widerstehen oder für ihn eintreten zu müssen. Wie schnell wird, wenn ich jemand des dämonischen Einflusses verdächtige, der andere als Person entwürdigt und nicht mehr ernst genommen!

4.2. Unterscheidungsregeln II

328 „Regeln mit dem gleichen Ziel, die Geister noch genauer zu unterscheiden." (Diese Gruppe II wird nach längerem Wachstum bedeutungsvoll).

Jeder, der diese Regeln liest, muß selbst spüren, was ihm im Augenblick hilft, und sollte in großer Freiheit nur dies auswählen. Wenn

Dinge beim Lesen in mir keinen Widerhall erwecken, soll ich sie getrost liegen lassen und sie nicht etwa gewaltsam aufzubrechen versuchen. Da es hier um „Gebrauchsanweisungen“ geht, werden sie nur für den mit Sinn erfüllt, bei dem entsprechendes Erleben vorliegt. Sie sind weder eine Anleitung, zu solchen Erfahrungen zu kommen, noch ein Wertmaßstab für christliches Leben. Wenn ich sehe, daß ich dem Herrn treu gefolgt bin, soweit ich seinen Ruf vernommen habe, darf ich alles andere Ihm überlassen und sollte nicht traurig darüber sein, daß er andere neben mir vielleicht anders führt. Unser höchstes gemeinsames Glück besteht darin, daß wir alle Ihn loben und anbeten.

Wahre und falsche Tröstung

Während bisher mit „Tröstung“ der Raum bezeichnet war, in dem „mehr“ der gute Geist am Werke ist und mit „Trostlosigkeit“ der Raum des Feindes, wird nun auf einen feineren Unterschied hingewiesen: Kann der Versucher uns nicht durch den klaren Widerstand gewinnen (Verwirrung, Dunkel, Traurigkeit), versucht er es, die Wirkungen Gottes nachzuäffen durch einen „scheinbaren“ Glanz. Selbstverständlich wechseln in der Praxis auch beide Arten untereinander ab.

329 Es ist Gott und seinen Engeln eigen, in ihren Regungen wahre Fröhlichkeit und geistliche Freude zu geben, indem sie alle Traurigkeit und Verwirrung, die der Feind herbeiführt, entfernen. Und diesem ist es eigen, gegen die Fröhlichkeit und geistliche Tröstung zu streiten, indem er Scheingründe, Spitzfindigkeiten und ständige Trugschlüsse anwendet.

„Wahre“ Fröhlichkeit und „geistliche“ Freude erkenne ich an ihrer Klarheit und ehrfürchtigen Liebe. Ich weiß, daß ich auf dem Wege Gottes bin und spüre eine innere Einheit und Ruhe. Auf dieser Tatsache, daß Gott Reinheit und Frieden schenkt, beruht letztlich alle Unterscheidung der Geister. Die Wahrheit überzeugt eben durch sich selbst. Es braucht Wachheit des Herzens, um eine Trübung der geistlichen Freude festzustellen, sei es, daß ihr zu viel unerlöst Menschliches beigemischt ist, sei es, daß sie sogar in ihrem Kern vergiftet ist. Die Schwierigkeit besteht darin, daß alle unsere Handlungen und Empfindungen noch unvollkommen sind. Sie werden also immer in einem gewißen Maß „gemischt“ sein. Die folgenden Regeln wollen helfen, die Grundgestalten zu erkennen: göttlicher Friede, rein menschliche = unerlöste Befriedigung und ungeistlicher Scheinfriede.

Es ist hier noch einmal wie bei den ersten Regeln: Entscheidend ist, welches dieser Elemente den Grundton bildet. Denn gerade bei dieser Prüfung sollten wir uns vor einem falschen Perfektionismus hüten, sonst würde die Unterscheidung der Geister zu einer komplizierten Geheimwissenschaft. Wenn wir nach einer angemessenen Zeit des Gebetes und der Prüfung nicht Klarheit bekommen, sollten wir nicht weiter bohren, sondern die gesamte Situation der Unterscheidung Ihm überlassen. Er wird uns weitere Erkenntnisse schenken, wenn wir nur immer wieder auf Ihn schauen! Eine Gabe empfängt man mit Blick auf den Geber und mit geöffneten, leeren Händen.

Einen typischen Fall von Scheingründen haben wir eben am Ende des I. Teiles aus dem „Bericht des Pilgers“ (Nr. 20) gelesen. Die Vorstellung des strengen Lebens brachte Unruhe mit sich, und Ignatius hätte es als Erleichterung empfunden, wieder umzukehren. Aber dies wäre ein Scheinfriede gewesen. Nachdem Ignatius die Versuchung abgewiesen hatte, kamen klare Anzeichen, daß diese Entscheidung richtig gewesen war: Er wurde danach „wieder ruhig“, empfand „großen Trost“ und „seine innere Ausgeglichenheit dauerte an“. Trotzdem führte ihn Gott später einen milderen Weg, was das Fasten betraf. Es ist also keineswegs so, daß die strengere Richtung immer die bessere ist (vgl. u. zu Nr. 333–335).

Wie die (wahre oder falsche) Tröstung entsteht

Um das Wahre von dem Schein zu unterscheiden, lenkt Ignatius nun unseren Blick auf die „Ursache“ der Tröstung. Wir könnten auch sagen: wir sollen zuschauen, woraus sie entsteht und welche Beobachtungen wir bei ihrem Auftreten in uns machen.

330 Allein Gott, unser Herr, vermag der Seele Tröstung zu geben ohne vorhergehende Ursache. Denn es ist dem Schöpfer eigen, einzutreten, hinauszugehen, Regung in ihr zu bewirken, indem er sie ganz zur Liebe zu seiner göttlichen Majestät hinzieht. Ich sage „ohne Ursache“: ohne jedes vorherige Verspüren oder er-

kennen irgendeines Gegenstandes, durch den diese Tröstung käme mittels der eigenen Akte von Verstand und Willen.

Hier geht es nicht um eine philosophische Erklärung, sondern um eine (phänomenologische) Beschreibung. Wenn die „Regung" zu Gott hin plötzlich über mich kommt, sozusagen aus heiterem Himmel, mitten bei der Arbeit, im Gespräch, beim Gebet, ohne daß dies eine logische oder psychologische Konsequenz dessen ist, womit ich mich eben beschäftigt habe, so weist das auf Gottes Wirken hin, der in seinem Haus eingeht und ausgeht, wie es ihm gefällt (Joh 14,23; vgl. u. Nr. 335). Als Ergänzung ist darauf zu achten, daß eine solche Tröstung immer sehr zentrale Inhalte hat: Ehrfurcht, Lob, Anbetung, Dank, Hingabe, eine durch die Liebe Gottes motivierte Bitte, demütiges Austeilen seiner Geschenke, ein letztes Sich-Loslassen, kurz, der Mensch wird „ganz zur Liebe zu seiner göttlichen Majestät hingezogen". Da Gott unmittelbar, „ohne Ursache" kommt, muß das Zentrum einer solchen Regung auch in meinem Bewußtwerden immer Er selbst sein, und zwar ganz spontan, ohne irgendeine Bemühung meinerseits.

Diese Erfahrung ist nicht so selten wie man lange Zeit meinte. Heute steht sie manchmal am Anfang der sogenannten charismatischen Erneuerung eines Menschen, d.h. wenn er sich und sein Leben neu als Geschenk Gottes erfährt und eine neue Kraft des Heiligen Geistes in sich wahrnehmen darf. Hin und wieder gibt es Berichte von persönlichen Berufungen oder pfingstlichen Erfahrungen, die die Prägung der hier von Ignatius beschriebenen Tröstung haben. Grundsätzlich kann „jede Zunahme an Glaube, Hoffnung und Liebe" von dieser Art sein. Man spricht dann von einer „unerklärlichen" Freude und einer neuen Liebe, die buchstäblich als „neue Schöpfung" und „Wiedergeburt" erfahren wird. Entscheidend ist dabei nicht die emotionale Stärke dieser Bewegung, sondern die Tatsache, daß wir sie nicht selber machen können, mag die Erfahrung selbst auch sehr fein und leise sein. Es sind Momente, in denen wir nicht zweifeln können (wohl können nachher Zweifel kommen, vgl. u. Nr. 336). Wenn ich im Vollzug selbst Zweifel bekomme, handelt es sich nicht um diese Art der Mitteilung Gottes.

Dazu wieder der „Pilger" (Nr. 27): „In dieser Zeit behandelte ihn Gott auf die gleiche Weise, wie ein Schullehrer beim Unterricht ein

Kind behandelt. Mag nun der Grund dafür seine Unerfahrenheit und sein unausgebildetes Verständnis gewesen sein oder die Tatsache, daß er keinen anderen Lehrmeister hatte, oder sein fester Willensentschluß, ganz Gott zu dienen, den Er ihm selber eingegeben hatte: auf jeden Fall hielt er es für klar erwiesen – und dies blieb seither immer seine Ansicht –, daß *Gott* mit ihm auf solche Weise verfuhr. Und falls er daran Zweifel hätte, würde er eher vermeinen, Gottes Majestät zu beleidigen. In etwa läßt sich dies aus den folgenden fünf Abschnitten erkennen."

Dann folgen fünf Erlebnisse aus diesem ersten Jahr in Manresa, an die er sich mit Ort und Zeit erinnert. Einmal wurde „sein Verstand plötzlich über sich selbst erhoben, wie wenn er die Heiligste Dreifaltigkeit unter der Gestalt von drei Orgeltasten erschauen dürfte, und dies war von soviel Tränen und Seufzen begleitet, daß er ihrer nicht mehr Herr werden konnte."
– „Ein andermal stellte sich seinem Verstand dar – begleitet von großer geistlicher Freude –, wie Gott die Welt erschaffen hatte. Das erschien ihm, wie wenn er etwas Hellglänzendes sähe, aus dem einige Strahlen ausgingen und woraus Gott das Licht erschuf." (Man vergleiche dazu die „Betrachtung zur Erlangung der Liebe", EB 230–237).
– Ein anderes Mal war das, „was er mit seinem Verstand erschaute, eindeutig dies, daß er sah, wie Jesus Christus, unser Herr, im allerheiligsten Sakrament gegenwärtig ist."
– „Viertens oftmals und durch lange Zeit schaute er während des Betens mit den Augen seiner Seele die Menschheit Christi . . . Das, was er damals in Erscheinungen sah, bestärkte ihn sehr und gab ihm für immer eine solche Sicherheit im Glauben, daß er oftmals bei sich dachte: Auch wenn es keine Heilige Schrift gäbe, die uns diese Glaubenswahrheit lehrt, wäre er entschlossen, für sie zu sterben, einzig auf Grund der Tatsache, daß er dies geschaut hatte." – Wenn wir also besondere und auffällige Erfahrungen mit Gott machen, dann müssen sie auch eine besondere und dauerhafte Kraft ausstrahlen, sonst sind sie verdächtig.

Den Höhepunkt bildet die bekannte Erfahrung am Cardoner, oberhalb des Flusses: „Nicht als ob er irgendeine Erscheinung gesehen hätte, sondern es wurde ihm das Verständnis und die Erkenntnis vieler Dinge über das geistliche Leben sowohl wie auch über die Wahrheiten des Glaubens und über das menschliche Wesen geschenkt. Dies war von einer so großen Erleuchtung begleitet, daß ihm alles in neuem Licht erschien. Und das, was er damals erkannte, läßt sich nicht in Einzelheiten darstellen, obgleich es deren sehr viele waren. Nur das läßt sich sagen, daß er eine große Klarheit in seinem Verstand empfing. Wenn er im ganzen Verlauf seines Lebens nach mehr als zweiundsechzig Jahren alles zusammennimmt, was er von Gott an Hilfen erhalten und was er jemals gewußt hat, und wenn er all dies in eines faßt, so hält er dies alles doch nicht für so viel, wie er bei jenem einmaligen Erlebnis empfangen hat. Dieses Ereignis war so nachdrücklich, daß sein Geist wie ganz erleuchtet blieb. Und es war ihm, als sei er ein anderer Mensch geworden und habe einen anderen Verstand erhalten, als er früher besaß." – Die Mitteilungen Gottes prägen unser Leben dauerhaft.

Solche unmittelbaren Tröstungen kennzeichnen aber nicht unseren Alltag. Selbst in der Zeit eines sehr vertrauten Umganges mit dem Herrn ist die häufigere Tröstung diejenige, die „mittels einer Ursache" geschieht, das heißt, die an irgendeinen Inhalt unseres eigenen Erkennens, Wollens oder Fühlens anknüpft. Auch diese Tröstung ist nicht etwas Selbstgemachtes, aber sie geht psychologisch betrachtet einigermaßen nahtlos aus dem Vorherigen hervor.

331 Mit Ursache kann sowohl der gute wie der böse Engel die Seele trösten, zu entgegengesetzten Zielen:
– der gute Engel zum Nutzen für die Seele, damit sie wachse und vom Guten zum Besseren aufsteige;
– und der böse Engel für das Gegenteil, und weiter, um sie zu seiner verworfenen Absicht und Bosheit hinzuziehen.

Wir spüren, daß Ignatius hier nur typische Merkmale beschreibt, ohne damit einen theologischen Wesensunterschied zwischen der ersten und zweiten Art behaupten oder die Grenze genau festlegen zu wollen. Je mehr Eigentätigkeit in jener Linie vorausging, in der dann die von innen „spontan" aufbrechende Bewegung folgt, um so vorsichtiger werden wir in der Beurteilung der Tröstung sein. Denn hier ist es immerhin möglich (keineswegs die Regel!), daß sich eine Täuschung einschleicht. Darum „seid nüchtern und wachsam, denn der Teufel geht um wie ein brüllender Löwe und sucht, wen er verschlingen könne" (1 Petr 5,8)

Im Blick auf die Definition von Tröstungen (EB 316) hat es manchen vielleicht verwundert, daß nach Regel 331 der „Trost" auch vom Bösen herrühren könne. Aber wie wir schon (EB 329) gesehen haben, handelt es sich dabei nicht um „wahren" Trost, sondern um etwas, das wie Trost (= Bewegung auf Gott hin) aussieht, es aber bei näherem Zusehen nicht ist! Man sieht hieran, wie sehr Ignatius ganz praktisch von einer Beschreibung der Wahrnehmungen ausgeht. Zum Verständnis dieser Regeln bedarf es nicht so sehr einer philosophischen, theologischen oder psychologischen Bildung – obgleich diese hilfreich sind –, wohl aber einer ehrlichen Beobachtung und inneren Wachsamkeit. Sie sind Hilfen, die Unterweisung des Heiligen Geistes wahrzunehmen (Joh 14,26; 16,13).

332 Es ist dem bösen Engel eigen, der Gestalt unter einem Lichtengel annimmt, bei der frommen Seele einzutreten und bei sich selbst hinauszugehen; nämlich gute und heilige Gedanken zu bringen, wie es dieser gerechten Seele entspricht; und danach bemüht er sich allmählich, bei sich hinauszugehen, indem er die Seele zu seinen verborgenen Täuschungen und verkommenen Absichten zieht.

Regel 332 kann gar nicht genug beachtet werden! Wie oft werden gerade Mensche, die es ernst meinen, in einzelnen Schritten oder auch größeren Unternehmungen in die Irre geführt! Es ist ein Zeichen geistlicher Reife, wenn wir *immer* mit dieser Möglichkeit rechnen, während ungelehriges und starres Durchsetzen eigener Meinung – das ist etwas anderes als Festigkeit – bedenkliche Zeichen sind. Praktisch kann sich der Böse hinter *allen* „guten und heiligen Gedanken" der „frommen Seele" verstecken, hinter einem Übermaß an religiösen Übungen ebenso wie hinter einer wohlgeordneten Gemessenheit, hinter liturgischer Objektivität ebenso wie hinter spontaner Subjektivität, hinter einer Halleluja-Stimmung ebenso wie hinter (düsterer) Leidensmystik, hinter privatisierender Frömmigkeit ebenso wie hinter einem sozialen und gesellschaftlichen Engagement, hinter der theologischen Vernünftigkeit jener Leute, die besondere Geistesgaben ablehnen (vgl. 1 Kor 12,21 und 14,1; Mt 7,22) ebenso wie hinter der Begierigkeit, mit der sich manche nach den Geistesgaben ausstrecken.

Die Tatsache, daß eine Sache in sich gut erscheint, ist also noch nicht das letzte Kriterium (s. dazu u. unter 4.3. Nr. 170); die Gabe der

Unterscheidung besteht vielmehr vor allem darin, zu erkennen, ob das, was in sich gut ist, auch für mich dran ist, und dazu bedürfen wir sehr des Beistandes des Heiligen Geistes. Daß eine Regung auf etwas Gutes gerichtet und von einer gewissen Freude begleitet ist, genügt nicht als Kriterium für ihre Echtheit.[9]

Einige Hilfen, um die falsche Tröstung schneller zu erkennen

Ignatius spricht aus der Erfahrung für die Erfahrung. So hat er in diesen Regeln einige Beobachtungen gesammelt, „die er in seinem Inneren gemacht hat und die er nutzbringend fand. Er habe geglaubt, sie können auch für andere Menschen von Nutzen sein und daher habe er sie zu Papier gebracht." (Bericht des Pilgers 99).

333 Wir müssen sehr die Folge der Gedanken beachten. Und wenn der Anfang, die Mitte und das Ende alles gut ist, zu allem Guten hingeneigt, dann ist dies ein Kennzeichen des guten Engels. Doch wenn es bei der Folge der Gedanken, die er bringt, bei irgend etwas Bösem endet oder das ablenkt oder weniger gut ist, als was die Seele sich vorher zu tun vorgenommen hatte, oder die Seele schwächt oder beunruhigt oder verwirrt, indem es ihr ihren Frieden, ihre Stille und Ruhe, die sie vorher hatte, wegnimmt, so ist es ein deutliches Kennzeichen, daß es vom bösen Geist herkommt, dem Feind unseres Nutzens und ewigen Heils.

334 Wenn man den Feind der menschlichen Natur an seinem Schlangenschwanz und dem bösen Ziel verspürt und erkannt hat, zu dem er hinführt, dann ist es für denjenigen, der von ihm versucht worden ist, nützlich, alsbald auf die Folge der guten Gedanken zu schauen, die jener ihm brachte, und auf deren Anfang und wie jener allmählich sich bemühte, zu bewirken, daß er von der Sanftheit und geistlichen Freude, in der er sich befand, hinabstieg, bis jener ihn zu seiner verdorbenen Absicht hinzog. So soll er sich mit dieser erkannten und eingesehenen

[9] Eine übersichtliche Zusammenstellung der wichtigsten inhaltlichen und formalen „Kriterien und Maßstäbe" findet sich in dem von der Deutschen Bischofskonferenz angenommenen Text „Der Geist macht lebendig", Kapitel IV, in: Jesus ist der Herr, hrsg. von Norbert Baumert, Münsterschwarzach 1986 (in dieser Reihe), S. 29–34.

Erfahrung künftighin vor dessen gewohnten Täuschungen hüten können.

In Regel 333 wird gegen Ende bereits der „schlangenartige Schwanz“ sichtbar, das heißt: Sobald Verwirrung und Mutlosigkeit den Frieden stören, ist klar, daß das, was dazu führte, nicht von Gott kam. Dies ist zu unterscheiden von echtem, tiefem Schmerz, auf dessen Grund ein tiefer Friede aufleuchtet, weil er uns mit Jesus verbindet, selbst wenn wir bis an die Grenzen unserer Tragfähigkeit belastet sind.

Wichtig ist ferner, daß bereits eine „weniger gute“ Sache verdächtig ist. Sie zeigt an, daß die Richtung verkehrt ist, weil man sich von dem Besseren wegbewegt. Ein Beispiel: Jemand hat in einer Gebetszeit eine tiefe, lebendige Beziehung zu Gott erfahren. Plötzlich kommt in diese Atmosphäre des Friedens der Gedanke an etwas, was er häufig zu tun pflegt. Er war bisher der Meinung, es sei dem Willen Gottes entsprechend, weil es von „Trost“ begleitet war. Aber nun merkt er, wie bei dem Gedanken an jenes Tun der soeben erfahrene Trost verblaßt. Es ist, wie wenn sich ein Schatten darüber legt. Darin steckt ein Hinweis, jenes Tun gründlich zu überprüfen. Denn wenn auch jene Handlung in sich nichts Schlechtes sein mag, so kann doch die Trübung ein Zeichen dafür sein, daß sie für diesen Menschen nicht im Sinne Gottes liegt. Nicht alles, was an sich gut ist, ist ja auch für mich gut. Wäre es im Sinne Gottes, würde sich der soeben erfahrene Trost mit diesem Gedanken verbinden und jenes Tun vertiefen. – Ein anderer erkennt während seiner Exerzitien in einem inneren Anruf die einladende klare Art der Stimme Jesu (vgl. Joh 10,4f). Dabei wird ihm bewußt, daß er manchmal einen inneren Anruf verspürt hatte, der mit einer düsteren, fordernden Stimme auf ihn eingewirkt und ihn mit seinen anscheinend guten Befehlen unter Druck gesetzt hatte. Er weiß von nun an, daß er jener eigenartigen Stimme in sich nicht mehr folgen soll. Dabei erfährt er eine neue innere Freiheit und Gelöstheit. – Freilich sind solche klaren Unterscheidungen oft die Frucht eines langen Suchens und Ringens. Denn es handelt sich hier nicht um Schulwissen, sondern um ein Geschenk, das ganz einmalig aus dem Leben mit Gott erwächst. Viele Gedankenimpulse brauchen Zeit, bis einerseits die inhaltliche Seite verstandesmäßig klar genug ist und andererseits auf der affektiven Ebene die Motivation klar ans Licht kommt.

Mit dem Hinweis auf den Unterschied zwischen dem Besseren und weniger Guten ist aber nicht etwa einem frommen Rigorismus das Wort geredet, als ob längere Gebetszeit und strengeres Fasten immer das Bessere seien; sondern verdächtig ist, wenn derselbe Impuls, der zunächst zu einem bestimmten Vorsatz führte, aus sich heraus dann zu einer Nachlässigkeit rät. Eine Korrektur an unseren Vorsätzen muß nämlich aus einer *neuen* Einsicht kommen, die ihrerseits wieder die Kennzeichen des guten Geistes tragen muß.

Schließlich ist zu beachten, daß wir eine Erfahrung, die wir mit Gott gemacht haben, auch festhalten sollten durch schriftliche Aufzeichnungen oder indem wir sie im Zeugnis mitteilen. Denn wir lernen besonders durch jene Unterweisungen, die Gott uns individuell gegeben hat, und können sie auf diese Weise testen und bewahren. So kann man auch auf längere Zeit die ungeklärten Impulse immer wieder prüfen durch Vergleich mit solchen Erfahrungen, die eindeutig waren.

Gerade für diese Regeln bietet der „Bericht des Pilgers" gutes Anschauungsmaterial (19–35). Ignatius berichtet, wie er in Manresa bald nach dem Beginn seines strengen Lebens, „häufig erlebte, daß er am hellichten Tag irgendetwas in der Luft nahe bei sich sah, was ihm großen Trost schenkte, da es ausnehmend prächtig anzuschauen war. Er konnte nicht genau erkennen, was es eigentlich für eine Sache sei. Aber irgendwie schien es ihm, als ob es die Gestalt einer Schlange hätte mit vielen Punkten, die wie Augen aufleuchteten, obwohl es keine eigentlichen Augen waren. Er hatte großes Gefallen und großen Trost beim Anblick dieser Erscheinung. Und je öfter er sie schaute, desto größer wurde seine innere Tröstung. Wenn aber jene Erscheinung seinen Augen entschwand, empfand er darüber großen Kummer."

Anscheinend hatte er sie dann eine gewisse Zeit nicht mehr so häufig, aber unmittelbar nach der oben (unter 330) beschriebenen Erkenntnis am Cardoner kam sie wieder, als er sich eben vor einem Kreuz niedergekniet hatte, um Gott für die reiche Erkenntnis zu danken. „Ebendort erschien ihm wieder die Vision, die er schon oftmals gehabt hatte und die er doch nie richtig erkennen konnte, das heißt jenes Ding, von dem vorher schon die Rede war und das ihm sehr schön und mit vielen Augen besetzt erschien. Aber jetzt vor dem

Kreuz sah er deutlich, daß jenes Etwas nicht die gleiche Farbenpracht wie früher trug. Und er empfing nun eine ungemein klare Erkenntnis darüber, daß jenes Etwas ein Bild des Teufels war, und dies war begleitet von einer festen Zustimmung des Willens. Und da späterhin sich die gleiche Erscheinung noch mehrmals durch lange Zeit hindurch wiederholte, verjagte er sie zum Zeichen seiner Geringschätzung mit dem Stock, den er gewöhnlich in seiner Hand trug."

Zwischen diese beiden Ereignisse fällt der Höhepunkt seines inneren Kampfes, in dem er unterscheiden und sich korrigieren lernt. Die erste Zeit seines Lebens in Armut und äußerer Vernachlässigung „befand er sich durchwegs in einem ausgeglichenen inneren Zustand". Aber nach der schlangenartigen Erscheinung, der Angst vor dem asketischen Leben und der Erfahrung der Unlust beim Gebet kam die für ihn härteste Probe. Er hatte nämlich viele Mühen mit Skrupeln. Denn obwohl die Generalbeichte, die er in Montserrat abgelegt hatte, mit ziemlicher Sorgfalt gewesen war und ganz, wie gesagt, schriftlich, schien ihm doch zuweilen, daß er einige Dinge nicht gebeichtet hatte. Und dies gab ihm viel Kummer. Denn obwohl er es beichtete, blieb er nicht zufriedengestellt. Und so begann er, einige geistliche Menschen zu suchen, die ihm von diesen Skrupeln abhelfen könnten. Aber nichts half ihm. Und am Schluß sagte ihm ein Doktor von der Kathedralkirche, ein sehr geistlicher Mann, der dort predigte, eines Tages in der Beichte, daß er alles aufschreiben solle, woran er sich erinnern könne. Und er tat es so. Und nachdem er gebeichtet hatte, kehrten ihm doch die Skrupel wieder, wobei sich die Dinge jedesmal verfeinerten, so daß er sich sehr bedrängt fand. Und obwohl er fast erkannte, daß jene Skrupel ihm viel Schaden bewirkten, so daß es gut wäre, sich von ihnen zu lösen, konnte er es doch bei sich nicht fertigbringen. Er dachte manchmal, daß es ihm Abhilfe wäre, wenn sein Beichtvater ihm im Namen Jesu Christi geböte, keines der vergangenen Dinge zu beichten. Und so verlangte er danach, daß der Beichtvater es ihm gebiete. Doch hatte er nicht die Kühnheit, um es dem Beichtvater zu sagen.

Doch ohne daß er es ihm sagte, gebot ihm der Beichtvater schließlich, er solle nichts von den vergangenen Dingen beichten, wenn es nicht eine so deutliche Sache wäre. Aber da er alle jene Dinge für sehr deutlich hielt, nützte dieser Befehl nichts; und so verblieb er immer mit der Mühe. Zu dieser Zeit wohnte der Genannte in einer kleinen Zelle, die ihm die Dominikaner in ihrem Kloster gegeben hatten. Und er verharrte in seinen sieben Stunden Gebet auf den Knien, wobei er ständig um Mitternacht aufstand, und in allen weiteren schon genannten Übungen. Aber in ihnen allen fand er keine Abhilfe für seine Skrupel, nachdem schon viele Monate vergangen waren, daß sie ihn peinigten. Und einmal begab er sich, weil er sehr von ihnen bedrängt war, in das Gebet, und mit dessen Glut begann er, mit lauten Worten zu Gott zu schreien und zu sagen: „Komm mir zu Hilfe, Herr, denn ich finde keine Abhilfe bei den Menschen und bei keinem Geschöpf. Denn wenn ich dächte, sie finden zu können, wäre mir keine Mühe zu groß. Zeige mir du, Herr, wo ich sie finden soll; denn auch wenn es nötig wäre, hinter einem Hündlein herzulaufen, damit es mir die Abhilfe gäbe: ich werde es tun."

Als er in diesen Gedanken war, kamen ihm oft Versuchungen mit großem Ansturm, sich durch ein großes Loch zu stürzen, das diese seine Zelle hatte; und es war neben der Stelle, wo er das Gebet hielt. Doch da er erkannte, daß es Sünde war, sich zu töten, schrie er wiederum: „Herr, ich werde nichts tun, was dich beleidigt." Und er wiederholte diese Worte so wie die früheren viele Male. Und so kam ihm die Geschichte von einem Heiligen in den Sinn, welcher, um von Gott eine Sache zu erlangen, die er sehr ersehnte, viele Tage ohne Essen blieb, bis er sie erlangte. Und nachdem er darüber eine gute Weile nachgedacht hatte, entschloß er sich am Schluß, es zu tun. Er sagte bei sich selbst, daß er weder essen noch trinken würde, bis Gott für ihn gesorgt hätte oder der Tod bereits ganz nahe zu sehen wäre. Denn für den Fall, daß es ihm geschehen sollte, sich in den letzten Zügen zu sehen, so daß er, wenn er nicht äße, alsbald sterben müßte, beschloß er, um Brot zu bitten und es zu essen – als ob er es tatsächlich in den letzten Zügen hätte erbitten oder essen können.

Dies geschah an einem Sonntag, nachdem er die Kommunion empfangen hatte. Und die ganze Woche verharrte er, ohne irgend etwas in den Mund zu stecken. Dabei unterließ er nicht, die gewohnten Übungen zu machen, auch zu den Gottesdiensten zu gehen und kniend sein Gebet zu halten, auch um Mitternacht usw. Doch als der andere Sonntag gekommen war, an dem es nötig war, zu beichten, sagte er seinem Beichtvater auch – da er ihm sehr im einzelnen zu sagen pflegte, was er tat –, wie er in dieser Woche nichts gegessen habe. Der Beichtvater befahl ihm, er solle diese Enthaltung abbrechen. Und obwohl er sich bei Kräften fand, gehorchte er doch dem Beichtvater. Und er fand sich diesen Tag und den anderen frei von den Skrupeln. Doch am drittten Tag, der der Dienstag war, begann er, an eine Sünde nach der anderen aus der vergangen Zeit zu denken; und ihm schien, daß er verpflichtet sei, sie noch einmal zu beichten. Doch am Schluß dieser Gedanken kam ihm ein Widerwille gegen das Leben, das er führte, und mit einigem Ansturm, es zu lassen. Und damit wollte der Herr, daß er wie aus einem Traum aufwachte. Und da er bereits einige Erfahrung von der Verschiedenheit der Geister durch die Lektionen hatte, die Gott ihm gegeben hatte, begann er, auf die Mittel zu schauen, durch die jener Geist gekommen war. Und so entschloß er sich mit großer Klarheit, keine Sache von den vergangenen mehr zu beichten. Und so blieb er von jenem Tag an frei von jenen Skrupeln. Er hielt es für gewiß, daß Gott, unser Herr, ihn um seiner Barmherzigkeit willen hatte befreien wollen." (22–25)

Hier ist klar: Wenn die Gedanken dazu führen, die Nachfolge Christi aufzugeben, dann sind sie entlarvt, und dann ist alles, was dazu geführt hat, ohne Diskussion beiseite zu schieben. Ferner ist die Aussprache und die Gelehrigkeit von großer Bedeutung. Die Bereitschaft zum Gehorsam zum Beispiel, das Fasten zu unterlassen, führt Ignatius zunächst zu einem inneren Frieden und macht ihn dann fähig, der Versuchung der Skrupeln zum ersten Mal klar die Stirn zu bieten (vgl. o. 325), wobei er zugleich weiß, daß der Herr ihn befreit hat, nicht er selbst. Aber er mußte noch mehr lernen.

„Außer den sieben Stunden Gebet gab er sich damit ab, einigen Seelen, die ihn aufsuchten, in Fragen des geistlichen Lebens Hilfe zu leisten. Was ihm vom Tag sonst noch übrigblieb, verwandte er, um an göttliche Dinge zu denken und an das, was er gerade an dem betreffenden Tage im Gebet erwogen oder gelesen hatte. Wenn er sich zum Schlaf niederlegte, kamen ihm jedoch oftmals tiefe Erkenntnisse und große geistliche Tröstungen. Auf diese Weise verlor er ein gutes Stück der Zeit, die er für den Schlaf bestimmt hatte, und das war nicht gerade viel. Darüber dachte er einige Male nach, und schließlich kam er bei sich zu dem Ergebnis, er habe so und so viele Zeit sich vorgenommen, um mit Gott zu verkehren, und darüber hinaus noch die Zeit, die vom sonstigen Tagewerk übrigblieb. Deshalb kamen ihm Bedenken, ob jene Erkenntnisse überhaupt vom guten Geiste seien, und er zog die Folgerung daraus, daß es besser wäre, sich überhaupt nicht um sie zu kümmern und die festgesetzte Zeit zu schlafen. Und so tat er auch."

Die wenigsten werden sieben Stunden für das Gebet übrig haben, aber es kommt häufiger vor, daß jemand nach einer lebendigen Begegnung mit dem Herrn nachts nicht schlafen kann, trotz guten Willens dazu. Das sollte uns nicht schrecken, es pendelt sich bald wieder ein. Trotz einer gewissen körperlichen Schwäche kann ein lebendiges Zwiegespräch uns innerlich kräftigen, wenn er uns ruft. Wenn wir uns nicht hineinsteigern und all unsere Erkenntnis und Liebe liebend in Seine Hand zurücklegen, bleiben wir gelöst und lernen, echtes von Unechtem zu unterscheiden. Denn wie wir hier sahen, gibt es da eine Grenze. Darum sollte unsere *Absicht* immer darauf aus sein, eine ausreichende Zeit wirklich zu schlafen. „Den Seinen gibt es der Herr im Schlafe" (Ps 127,2), dieser Satz ist hier ganz wörtlich zu nehmen und ist Ausdruck eines noch größeren Vertrauens. Wir verpassen nichts, wenn wir – soweit es an uns liegt – Ihm immer wieder alles überlassen, auch unsere Liebe.

Schließlich findet Ignatius auch im Fasten und der äußeren Armut das von Gott gewollte Maß (29): „In dem gleichen Manresa, wo er ungefähr ein Jahr lang blieb, gab er jene früher geübten Strengheiten auf, seitdem er Gottes reichen Trost einmal spürte und die Frucht sah, die er im Verkehr mit Menschen in deren Seelen erreichte." – Und kurz zuvor (27): „Den vollen Verzicht auf Fleischspeisen führte er weiterhin durch, und er war darin so fest entschlossen, daß er eine Änderung für gänzlich unmöglich hielt. Da geschah es eines Tages in der Frühe, als er eben aufgestanden war, daß ihm eine Fleischspeise so deutlich erschien, wie wenn er sie mit leibhaftigen Augen sehen könnte, und zwar ohne daß irgendein Verlangen danach sich zuvor in ihm geregt hatte. Zugleich damit überkam ihn eine nachdrückliche Willenszustimmung, von nun an wieder Fleisch zu essen. Zwar war er sich seines früheren Vorsatzes wohl bewußt; aber er vermochte an der Bedeutung der Erscheinung nicht zu zweifeln, sondern konnte nur den Entschluß fassen, wieder Fleischspeisen zu essen. Als er dies später seinem Beichtvater berichtete, meinte dieser, er solle gut prüfen, ob es vielleicht nicht doch eine Versuchung gewesen sei. Jedoch konnte er bei gründlicher Nachprüfung keinerlei Zweifel über seinen Entschluß verspüren."

Das ist wieder jene unmittelbare Mitteilung (s. o. 330). Ignatius sagt damit nicht, daß das Fasten von vornherein verkehrt gewesen sei, sondern nur, daß Gott ihn von jetzt an anders führen wollte; so bleibt er nicht starr bei irgendwelchen „Prinzipien". Nicht jeder wird so klare innere Weisung bekommen – obwohl dies heute wieder häufiger vorkommt –, aber jeder bekommt Führung in einer wachsenden Erkenntnis, die begleitet sein wird von innerer Ruhe und Kraft, den gezeigten Weg auch zu gehen.

Das Kriterium der Übereinstimmung

335 Bei denen, die vom Guten zum Besseren vorangehen, berührt der gute Engel diese Seele mild, leicht und sanft wie ein Wassertropfen, der in einen Schwamm eintritt; und der böse berührt scharf und mit Geräusch und Unruhe, wie wann der Wassertropfen auf den Stein fällt. Und in entgegengesetzter Weise berühren die obengenannten Geister diejenigen, die vom Bösen zum Schlechteren vorangehen. Die Ursache dafür ist, daß die Einstellung der Seele den genannten Engeln entgegengesetzt oder aber gleichartig ist. Denn wenn sie entgegengesetzt ist, dann treten sie mit Lärm und manchem Verspüren wahrnehmbar ein. Und wenn sie gleichartig ist, tritt er schweigend ein wie in das eigene Haus bei offener Tür.

Regel 335 ist eine verfeinerte Anwendung und Erklärung von 314 und 315. Das Neue, das hier hinzukommt: Lärm und Unruhe können nicht nur von traurigen und düsteren Anregungen ausgehen, sondern auch Freude kann auffällig sein. Am Anfang eines neuen Glaubensweges muß sie das oft, weil der Mensch noch ungeläutert ist, aber sie kann auch lärmend und hektisch sein, und ist dann gut zu prüfen. Bei wachsender Verfeinerung jedoch kann es auch eine subtile Imitation geistlicher Freude geben. Ein wichtiger Hinweis ist, daß etwas von dem Frieden und der inneren Einheit verloren geht, die vorher da waren. So wird man immer wieder die ungeklärten Erfahrungen mit solchen vergleichen, die eindeutig waren. Auch wenn Tröstungen nicht immer von der gleichen Intensität sind, so ist doch Vorsicht geboten, wenn die Qualität sich verändert. Ignatius lehrt, dabei wieder auf die Grundausrichtung zu schauen, um zu sehen, was zueinander paßt und was nicht. Wir müssen ja auch damit rechnen, daß jemand sich längere Zeit hindurch ernstlich bemüht hat, aber dann allmählich lau wird. In diesem Fall ist seine Grundtendenz bereits negativ, auch wenn er noch eine Zeit lang von seinem guten Leben zehrt.

Im Laufe des geistlichen Wachstums wird man mehr und mehr drei Bereiche unterscheiden lernen: 1. Echte geistliche Erfahung; 2. primär psychische Vorgänge, eventuell mit religiösem Anstrich; 3. geistliche Täuschungen. – Selbstverständlich ist auch echte geistliche Erfahrung durch Erziehung, Charakter und menschliche Anlagen gefärbt und manchmal auch verzerrt, aber der Kern des Geschehens ist dann ein Wirken des Heiligen Geistes im Menschen. Bei primär psychischen Vorgängen dagegen liegen die Haupttriebkräfte in anderen, menschlichen Faktoren, die aber leicht religiös verbrämt werden; das schließt nicht aus, daß auch Fragen der Gottesbeziehung hineinwirken, nur stehen diese dann nicht im Zentrum des Geschehens. Daneben aber gibt es die eigentliche geistliche Täuschung, deren primäre Ursache eine Versuchung des Bösen ist, ohne daß der Mensch sich dessen bewußt wird. Er meint, Gott zu dienen und setzt viel geistliche Kräfte, die er von Gott bekommen hat, dafür ein.

Die Gefährlichkeit liegt darin, daß man den Antrieb für etwas Gutes hält. Es handelt sich dann nicht so sehr um einen intellektuellen Irrtum über Inhalte des Glaubens, sondern um eine (un-)geistliche Motivkraft, eben eine „Bewegung“ in uns, wie es Ignatius nennt. Auch hier werden alle psychischen Voraussetzungen eines Menschen einbezogen; besonders bei krankhaften Veranlagungen kann sich ein solch falscher geistlicher Impuls verheerend auswirken. Aber Arzt und Seelsorger müssen dann erkennen, daß es sich nicht um ein rein psychologisch zu lösendes Phänomen handelt, sondern die Wurzel primär auf geistlichem Gebiet liegt. Das ist oft nicht leicht zu unterscheiden, weil beides im Menschen eine Einheit bildet. Hilfestellungen müssen dann auf beiden Ebenen ansetzen. Oft steckt in psychischen Erkrankungen ein geistlicher Kern; andererseits gehört zur geistlichen Reifung und Gesundung auch die Ehrfurcht vor den naturgegebenen Gesetzen und Grenzen; nur muß der Berater oder Therapeut offen sein für die Dimension der Gnade.

Aber auch im Bereich des geistlichen Lebens, etwa der Gottesbeziehung, unterscheidet Ignatius noch einmal zwei Ebenen (hier die Regeln der I. und II. Gruppe). In der „Betrachtung über zwei Banner“

(EB 140.146) sieht er die Taktik des Bösen darin, den Menschen zunächst zu Reichtum, dann zu Ehrsucht und schließlich zu Hochmut zu führen. Dem ist entgegengesetzt die Liebe zur Armut und die Annahme von Geringschätzung, woraus schließlich die Demut folgt. – Auf der Ebene geistlicher Täuschung, die mehr der II. Gruppe von Regeln entspricht, wiederholen sich die gleichen Strukturen des Bösen in einer raffinierteren Form. Trotz äußerer Armut kann ein Mensch doch eine starke Habgier nach geistlichen Gütern und eine Art religiöser Genußsucht in sich haben, wobei er dies vielleicht mit einem „erwartenden Glauben“ und geistlicher Tröstung verwechseln mag. Daraus entwickelt sich ein gewisses Wohlgefallen an der „geistlichen Autorität“, die man genießt oder ein (selbstverständlich verstecktes) kokettieren mit seinen Tugenden. Schließlich führt das zu einer Selbstüberschätzung in geistlichen Dingen, etwa der Annahme: „Ich brauche keine Korrektur von anderen, keinen geistlichen Berater oder keine kirchliche Bestätigung.“

Ganz allgemein ist damit zu rechnen, daß nach einer neuen Gnade ein Mensch auch mit einer neuen Art von Versuchungen rechnen muß. Einige Kriterien dieser subtileren Form der Versuchung: Bei Erkenntnissen ist eher ein flimmerndes Licht als ruhige Klahrheit; Vorstellungen sind vage und unkonkret, pauschal; bei Antrieben ein „Sog“, manchmal mit einer Tendenz zu regelrechten Ausbrüchen; bei Empfindungen ein eigenartig „süßer“ Trost, der dennoch eine Imitation der klaren Freude Gottes ist, oder eine merkwürdige Schwermut und Lähmung; lange anhaltende Tröstung oder Traurigkeit, die dann irgendwie verebben, ohne etwas zu bewirken, während die Tröstungen Gottes eher kurz sind und zu einem klaren Handeln führen; die falschen Tröstungen haben oft einen faden Nachgeschmack oder hinterlassen ein „Loch“, während Gottes Tröstungen eher kurz sind, aber lange in der Nachwirkung; auch wenn man sie nicht „wieder-holen“ kann, ist es doch möglich, sich immer wieder dankbar an sie zu erinnern; die wahren Tröstungen wecken im Menschen Einfachheit und Ehrfurcht, während die Imitationen zu Schwülstigkeit neigen, Vertraulichkeit für Vertauen ausgeben und in der Art und Weise des Umganges mit Gott zur Befriedigung der eigenen Wünsche tendieren. Der noch unerlöste Mensch geht dann mit den Gaben Gottes auf sündige Weise um; das würde bedeuten „Christus auf fleischliche Weise kennen“ (vgl. 2 Kor 5,16).

Jeder muß durch eigene Beobachtung und klärende Beratung die ganz persönliche Sprache Gottes im eigenen Leben erkennen lernen.

Eine weitere Hilfe hierzu ist die Sprache unseres Leibes. Achten wir bei einer Prüfung auf Ort, Zeit, Umstände und Körperhaltung, in der uns eine vermutliche geistliche Erfahrung zuteil wurde, und ob die Symbole stimmen. Nicht selten sind die Imitationen, die nach einer echten Erfahrung einsetzen, auch durch unterschiedliche Orte oder eine verzerrte Symbolik festzumachen. Das Verteufelte daran ist, daß sie zum Verwechseln ähnlich sind und manchmal lange nicht erkannt werden. Denken wir an das funkelnde Gebilde, das Ignatius lange Zeit sah (s.o. zu 333.334). Ein bevorzugter und geschützter Ort zur Klärung ist die Anbetung vor dem Herrn in der Eucharistie.

Sodann ist zu beachten, an welchen körperlichen Organen eine Wahrnehmung gegebenenfalls ansetzt. Die ostkirchlichen Mönche unterscheiden vier Zentren der Aufmerksamkeit[10]: „1. Schädel und Vorderhirn: entspricht reiner, abstrakter Verstandeskraft. 2. Mund und Kehlkopf: die Denkformen verlieren ihre Abstraktion; es ist zugleich der Ort der allerersten Gebetsstufen, etwa Stoßgebete. 3. Das Brustzentrum, im oberen und mittleren Teil der Brust: beim Beten schwingen dann Gedanken und Empfindungen in der Brust; aber hier beginnt auch „das Schweigen der Seele". 4. Das Herzzentrum: die Aufmerksamkeit sammelt sich oberhalb des Herzens, wie bei einem Wachtturm, von dem aus der Geist jene Gedanken und Gefühle überschaut, die sich in das Herz, das Heiligtum des Gebetes, einzuschleichen suchen. Denn dieses ist der leibliche Ort der vollkommenen Aufmerksamkeit; es vereinigt in sich zugleich das intellektuelle wie das gemüthafte Element." Die klassische Form des Herzensgebetes ist das „Jesusgebet".

Die Mönche weisen darauf hin, daß beim *Gebet* jede „Aufmerksamkeit unterhalb der Herzregion", etwa „in den Nieren und Eingeweiden" gefährlich ist und zu Täuschungen führen kann. Nicht als ob jene Bereiche minderwertig oder sündig wären; aber sie haben im Organismus eines gesunden Gebetslebens eine dienende, tragende

[10] Sehr wichtige Erfahrungen zu diesem ganzen Fragenbereich sind gesammelt in: Das Herzensgebet. Mystik und Yoga der Ostkirche, herausgeg. v. A. Rosenberg. Otto-Wilhlem-Barth-Verlag: München ²1957, hier S. 14–19.

und mitwirkende Funktion und dürfen nie das *Zentrum* der Aufmerksamkeit bilden. Darum ist Vorsicht geboten, wenn östliche Meditationsmethoden unbesehen übernommen werden, vor allem, wenn sie als Gebetsformen oder Heilsweg gesucht werden. Man muß also gut unterscheiden, ob gelegentlich durch eine starke geistliche Erfahrung der ganze Mensch erfaßt wird oder ob vermeintlich geistliche Wahrnehmungen in dem Bereich unterhalb der Herzregion „ansetzen". Was dort „einsteigt", ist verdächtig. Selbstverständlich kann der Verusucher auch bei Gedanken „einsteigen". Die wichtigste Richtschnur ist, sich immer wieder „mit ganzem Herzen" Gott zuzuwenden (Dtn 6,5) und im Zweifelsfalle mit einem klugen und geistlich erfahrenen Menschen darüber sprechen.

Im Exerzitienbuch fügt Ignatius noch einige Bemerkungen an, „um Skrupeln und Einflüsterungen unseres Feindes zu spüren und zu erkennen." Sie bilden besonders eine Erläuterung zu den Regeln 314, 315, 325, 329, 332 und 335:

349 Der Feind schaut sehr darauf, ob eine Seele grob oder fein ist. Und wenn sie fein ist, bemüht er sich, sie noch mehr zum Extrem zu verfeinern, um sie mehr zu verwirren und durcheinanderzubringen. Zum Beispiel: der Feind sieht, daß eine Seele bei sich weder einer Todsünde noch einer läßlichen noch irgendeinem Anschein einer bedachten Sünde zustimmt. Wenn er dann nicht bewirken kann, sie in etwas fallen zu lassen, was Sünde scheint, so bemüht er sich zu bewirken, daß sie die Auffassung einer Sünde bilde, wo keine Sünde ist, etwa bei einem geringsten Wort oder Gedanken. Wenn die Seele grob ist, bemüht sich der Feind, sie noch gröber zu machen. Zum Beispiel: wenn sie sich vorher aus den läßlichen Sünden nichts machte, wird er sich bemühen, daß sie sich aus den Todsünden wenig mache; und wenn sie sich vorher etwas daraus machte, daß sie es jetzt viel weniger oder gar nicht tue.

350 Die Seele, die im geistlichen Leben Nutzen ziehen will, muß immer in entgegengesetzter Weise vorangehen, als der Feind vorangeht. Wenn nämlich der Feind die Seele gröber machen will, bemühe sie sich, sich zu verfeinern. Und ebenso, wenn der Feind sie zarter machen will, um sie zum Extrem zu bringen, so bemühe sich die Seele, sich in der Mitte zu festigen, um in allem ruhig zu werden.

351 Wann diese gute Seele innerhalb der Kirche, innerhalb des Verständnisses unserer Vorgesetzten, etwas sagen oder tun will, das zur Ehre Gottes, unseres Herrn, ist, und ihr ein Gedanke oder eine Versuchung von außen kommt, damit sie jene Sache nicht sage oder tue, indem er ihr Scheingründe von eitlem Ruhm oder sonst etwas usw. bringt, dann soll sie den Verstand zu ihrem Schöpfer und Herrn erheben; und wenn sie sieht, daß es sein gebührender Dienst ist oder wenigstens nicht dagegen, soll sie genau gegen diese Versuchung handeln, nach Bernhard, der demselben antworet: „Weder habe ich deinetwegen begonnen, noch werde ich deinetwegen aufhören."

Es ist sehr zu beachten, wie Ignatius bei Verwirrung und Unsicherheit dem vor Gott gebrauchten Verstand seine ihm von Gott gegebene Führungsrolle zuerkennt.

Die verschiedenen Stufen göttlicher Tröstung

Die letzte Regel ist überall da von großer Wichtigkeit, wo das Wirken Gottes deutlich erfahren wird, in der charismatischen Geisterfahrung, in Offenbarung oder Wort- und Bildprophetie und ähnlichen unmittelbaren Impulsen.

336 Wenn die Tröstung ohne Ursache ist, gibt es zwar in ihr keine Täuschung, weil sie, wie gesagt, von Gott allein stammt. Aber die geistliche Person, der Gott diese Tröstung gibt, muß mit viel Wachsamkeit und Aufmerksamkeit schauen und die eigene Zeit dieser aktualen Tröstung von der folgenden unterscheiden, in der die Seele noch erwärmt und begünstigt bleibt von der Gunst und den Nachwirkungen der vergangenen Tröstung. Denn häufig bildet sie sich in dieser zweiten Zeit durch ihre eigene Gedankenfolge über Beziehungen und Folgerungen aus Begriffen und Urteilen oder durch den guten oder durch den bösen Geist verschiedene Vorsätze und Meinungen, die nicht unmittelbar von Gott, unserem Herrn, gegeben sind. Und deshalb haben diese es nötig, sehr gut erforscht zu werden, bevor man ihnen volles Vertrauen schenkt oder sie verwirklicht.

Es kann also sehr wohl sein, daß der innerste Kern einer Erfahrung, die ich genau datieren kann, eine echte Mitteilung Gottes ist, und sich dennoch in der Auswirkung manche Fehler finden. Ähnlich wie

wir nicht alle Aussagen unseres Glaubens mit der gleichen Unfehlbarkeit versehen dürfen wie die definierten Dogmen, müssen wir den ersten Impuls von den Auswirkungen unterscheiden. Schon wie sich jene Anregung in meinen Gefühlen widerspiegelt, ist gefärbt durch meine Verfassung; erst recht, wenn ich versuche, sie in Worte zu fassen und Taten daraus abzuleiten. Die innere Wachsamkeit und Flexibilität, die wir deshalb fordern müssen, soll die „erste Liebe" keineswegs bremsen oder kanalisieren, sondern ihr helfen, das zu bleiben, was sie ist: Geschenk des Herrn und nichts Selbstgemachtes. Darum braucht selbst die Prophetie eines Menschen, der durch längere Zeit erwiesen hat, daß er diese Gabe besitzt, in jedem einzelnen Fall eine neue Prüfung. Denn es kann sein, daß er im Kern einen echten Anstoß Gottes erhalten hat, aber in der Ausgestaltung über das Ziel hinausschießt. Dies ist besonders dann notwendig, wenn die Prophetie sehr stark und drängend kommt. Die Unruhe könnte bereits ein Zeichen sein, daß sie noch nicht abgeklärt ist. Ähnliches gilt von vielen Impulsen, die wir aus dem Gebet bekommen.
Den Erkenntnissen und Entschlüssen, die vom Herrn kommen, haftet Festigkeit von selbst an. Wir können seine Anregungen ohne jeden Rigorismus und ohne jede Hektik in großer Flexibilität in die Tat umsetzen, weil bei dieser Ausführung unsere Freiheit einen größeren Spielraum bekommt; und wir werden gerade in der Ausführung darauf bedacht sein, vom Herrn korrigiert und neu bestätigt zu werden. Gott läßt sein Werk, das er einmal in uns begonnen hat, nicht im Stich![11]
Ignatius hat in seinem Leben erfahren, wie ihn dieser Weg immer tiefer in Gott hineinführte, so daß er gegen Ende seines Lebens am Schluß des Pilgerberichtes sagen kann, er hätte „zwar viele Beleidigungen gegen den Herrn begangen, nachdem er angefangen habe, Ihm zu dienen; jedoch habe er nie seine Einwilligung zu einer schweren Sünde gegeben. Vielmehr habe seine Andacht immer mehr zugenommen, das heißt: die Leichtigkeit, mit Gott in Verbindung zu treten; und diese sei jetzt größer als je sonst in seinem ganzen Leben. Immer und zu jeder Stunde, wann er Gott finden wolle, könne er ihn finden."

[11] Um sich durch die Fülle der Hinweise nicht abschrecken oder verwirren zu lassen, sei noch einmal hingewiesen oben auf die Einleitung zu diesem 4. Kapitel, S. 48.

4.3. Das Finden des Willens Gottes

Voraussetzungen für eine gute Entscheidung für das Leben

Ging es bisher um die Prüfung von Regungen, die ich in mir vorfinde, so versucht Ignatius in einem anderen Abschnitt seines Exerzitienbuches eine Hilfe zu geben, wenn ich aktiv danach frage, was für mich der Wille Gottes ist oder wie ich „wählen" soll. Viele Unsicherheiten tauchen gerade bei dieser Frage auf! Die Grundvoraussetzung ist die Haltung der sogenannten „Indifferenz" oder die Unvoreingenommenheit, die Gott zunächst eine Blankovollmacht gibt: „Herr, wie Du willst". Dazu vergleiche man auch das „Prinzip und Fundament" der Exerzitien (EB 23). Diese Haltung ist nur möglich in einer ganzheitlich erfaßten, persönlichen Beziehung zu Jesus Christus; die häufigste Bitte in den Exerzitien ist die um die „innerste Erkenntnis Jesu" und um die „Liebe zu meinem Herrn" (EB 53.98.104.157.165ff.233).

169 Hinführung, um eine Wahl zu treffen.

In jeder guten Wahl muß, soweit es an uns liegt, das Auge unserer Absicht einfach sein, indem ich nur nach dem schaue, wofür ich geschaffen bin, nämlich zum Lobpreis Gottes, unseres Herrn und zur Rettung meiner Seele. Und so muß, was immer ich erwähle, derart sein, daß es mir für das Ziel hilft, für das ich geschaffen bin, indem ich nicht das Ziel auf das Mittel hinordne und -ziehe, sondern das Mittel auf das Ziel. So kommt es etwa vor, daß viele zuerst erwählen, sich zu verheiraten, was Mittel ist; und in zweiter Linie, Gott, unserem Herrn, in der Ehe zu dienen, welcher Dienst für Gott Ziel ist. Ebenso gibt es andere: Sie wollen zuerst Pfründen haben und danach Gott in ihnen dienen. Diese gehen also nicht geradeaus zu Gott, sondern sie wollen, daß Gott geradeaus zu ihren ungeordneten Anhänglichkeiten kommt; und sie machen folglich aus dem Ziel ein Mittel und aus dem Mittel ein Ziel. Sie nehmen also, was sie als erstes hätten nehmen sollen, zuletzt. Denn zuerst müssen wir uns als Gegenstand setzen, Gott dienen zu wollen, was das Ziel ist; und in zweiter Linie, eine Pfründe zu nehmen oder mich zu verheiraten, wenn es angebrachter für mich ist, was das Mittel für das Ziel ist. So darf mich nichts bewegen, diese Mittel zu nehmen oder mich ihrer zu berauben, außer allein der Dienst und Lobpreis für Gott, unseren Herrn, und das ewige Heil meiner Seele.

170 Es ist notwendig, daß alle Dinge, über die wir eine Wahl treffen wollen, indifferent oder in sich gut seien und daß sie innerhalb der heiligen hierarchischen Mutter Kirche stehen, nicht aber schlecht noch ihr widerstreitend seien.

Es kommen also nur Dinge in Frage, die der Lehre der Schrift und der Kirche nicht widersprechen. Freilich ist bei dem zweiten genau zu prüfen, wie weit es sich dabei um wandelbare oder unwandelbare Überzeugungen handelt. Oft wird eine gewisse Unschärfe in der Beurteilung bleiben, die den einzelnen zu einer um so sorgfältigeren Prüfung veranlaßt (vgl. Röm 14 und 2 Kor 2,12–16).

Danach weist Ignatius darauf hin, daß wir oft auch *nach* einer Entscheidung unsere Motive noch reinigen müssen. Andererseits sollten wir, wenn die Entscheidung gut getroffen wurde und wir darin keine Unsicherheit spüren, auch nicht unnötig an ihr herumzerren, sondern lieber unsere ganze Kraft dafür einsetzen, darin möglichst Gott zu gefallen.

Drei Wege, „um eine gesunde und gute Wahl zu treffen".

Ignatius sieht drei verschiedene Möglichkeiten, die er Wahl-„Zeiten" nennt. Den ersten Weg kennen wir bereits aus Nr. 330.

175 Drei Zeiten, um in einer jeden von ihnen eine gesunde und gute Wahl zu treffen.

Die erste Zeit ist: Wann Gott, unser Herr, den Willen so bewegt und anzieht, daß diese fromme Seele dem Gezeigten folgt, ohne zu zweifeln noch zweifeln zu können; so wie es der heilige Paulus und der heilige Matthäus getan haben, als sie Christus, unserem Herrn, nachfolgten.

176 Die zweite Zeit: Wann man aus der Erfahrung von Tröstungen und Trostlosigkeiten und aus der Erfahrung der Unterscheidung verschiedener Geister genug Klarheit und Erkenntnis gewinnt.

177 Die dritte Zeit ist ruhig, indem man zuerst erwägt, wofür der Mensch geboren ist, nämlich, um Gott, unseren Herrn, zu lo-

ben und seine Seele zu retten. Und indem man dies wünscht, erwählt man als Mittel ein Leben oder einen Stand innerhalb der Grenzen der Kirche, um im Dienst für seinen Herrn und bei der Rettung seiner Seele Hilfen zu erlangen. Ich sagte „ruhige Zeit“: wann die Seele nicht von verschiedenen Geistern bewegt wird und ihre natürlichen Fähigkeiten frei und ruhig gebraucht.

178 Wenn man in der ersten oder zweiten Zeit keine Wahl trifft, folgen in bezug auf diese dritte Zeit zwei Weisen, sie zu treffen (s.u.).

Welcher dieser drei Wege im konkreten Fall an der Reihe ist, hängt nicht von uns ab, sondern davon, was Gott uns gibt. Wenn ich in der ersten Weise angesprochen werde, sind selbstverständlich die beiden anderen überflüssig, und wenn in der zweiten, dann braucht es nicht die dritte. Das schließt nicht aus, daß die erste und zweite Art immer einer Prüfung durch die vernünftige Einsicht standhalten muß, im Sinne von Regel 170; aber ich brauche dann nicht die „natürlichen Fähigkeiten“, um meinen *Willen* in eine bestimmte Richtung zu bewegen. Wer öfter den zweiten Weg geführt worden ist, gerät leicht in eine gewisse Unsicherheit, da er nun meint, immer diesen Weg gehen zu müssen. Aber er wird nicht immer gegeben. Dann ist der dritte Weg der von Gott gewollte und nicht etwa ein Abstieg in eine ungeistliche Rationalität!

Hierzu schreibt jemand, der nach einer geistlichen Erfahrung sich ernsthaft bemühte, immer nach Seinem Willen zu fragen: „Ich befand mich über viele Jahre in einem sehr engen Denken, indem ich oft den vermeintlichen Willen Gottes von der rationalen Einsicht trennte. Ich versuchte es stets auf eine intuitive, sehr gefühlsmäßige und zwanghafte Art, der die vernünftige Überlegung, geistliche und praktische Entscheidungen zu treffen, fremd blieb – in der Annahme, es gebe nur diesen einen Weg. Eine Mißachtung desselben bedeutete für mich schon Ungehorsam. So geriet ich in schlimme Zwänge, indem ich selbst in wenig bedeutsamen Angelegenheiten mühsam nach dem Willen Gottes forschte. Auch dachte ich oft, daß sicherlich das dem Willen Gottes entspricht, wozu ich keine natürliche Neigung verspürte und fühlte jahrelang einen geheimen Zwang oder die Befürchtung, in einen Orden eintreten zu sollen, zu dessen Frömmigkeit ich nur wenig Zugang fand. Die Begegnung mit Ignatius' Regeln zur Unterscheidung der Geister brachte da eine wahre Wende in meinem Leben. Aufatmend begriff ich plötzlich nach Jahren, daß Gott auch meine natürlichen Überlegungen nicht mißachtet, sondern mir ihren Gebrauch empfiehlt, wenn er nicht in anderer Weise deutlich zu mir spricht. Auch sah ich, daß Gott mit allem, was er von mir erwartete, wirklich mich selbst meinte, und daß er sich bei seinen Wünschen für meine menschliche Meinung und mein natürliches Gefühl in dieser oder jener Angelegenheit interessierte und es sogar in allen Entscheidungen respektierte. Das verminderte nicht meine Hingabe, da ich ja in allem wirklich nur Ihm gefallen wollte. Aber die Entscheidung war nun stets zugleich in meine Freiheit gelegt und der Herr bestätigte diesen Weg immer wieder neu durch Seine Antwort. Besonders halfen mir die Hinweise in Nr. 176, 178, 184, 315 und 317–319."

Andererseits ist gerade in der Charismatischen Erneuerung vielen Menschen der Zugang zu dem zweiten Weg eröffnet worden, wenigstens in wichtigen Fragen. Dann sollten wir auch den Mut haben, im Gebet unsere Fragen Gott vorzulegen und ihn darum bitten, uns zu zeigen, ob wir mit Ihm übereinstimmen. Dies muß man aber über längere Zeit tun. Ein Beispiel ist dafür der noch erhaltene Teil des geistlichen Tagebuches von Ignatius. Manchmal ist es eine Hilfe, mich an einem Tag innerlich ganz auf die eine Möglichkeit der Entscheidung einzustellen und zu sehen, ob ich darin mit dem Herrn im Einklang bleibe. Am nächsten Tag versuche ich dann, mich mit der entgegengesetzten Möglichkeit zu identifizieren. Wenn sich über längere Zeit im Gebet eine Bestätigung immer wiederholt, darf ich darin Gottes Willen sehen. Solche Erkenntnis ist immer vom Glauben geprägt, das heißt von dem Vertrauen, daß der Herr meine ehrliche Absicht kennt, mich segnet und auch mein unvollkommenes Tun gütig annimmt und vollendet.

Zwei Weisen für den dritten Weg

Zum Abschluß seien noch die beiden Arten angefügt, die Ignatius als Hilfe für den dritten Weg anbietet. Hier gilt wieder, was für alles Gesagte zu beachten ist: Sobald diese Hinweise als Zwang und Überfremdung empfunden werden, soll man sie lassen, und das tun, was einem am meisten hilft. Dennoch kann es auch dann wertvoll sein, diese Anregungen einmal gelesen zu haben, da vielleicht der eine oder andere Punkt hilfreich wird.

178 Die erste Weise, eine gesunde und gute Wahl zu treffen, umfaßt sechs Punkte.
Der erste Punkt ist: Die Sache vor mich stellen, über die ich eine Wahl treffen will, wie ein Amt oder eine Pfründe zum Nehmen oder Lassen; oder über welche andere Sache immer, die in veränderbare Wahl fällt.

179 Zweitens: Es ist nötig, als Gegenstand das Ziel zu haben, für das ich geschaffen bin, das ist: um Gott, unseren Herrn, zu loben und meine Seele zu retten. Und ich muß mich damit indifferent finden, ohne irgendeine ungeordnete Anhänglichkeit. Ich soll also nicht *mehr* dazu geneigt sein noch danach verlangen, die vorgelegte Sache zu nehmen, als sie zu lassen, noch *mehr* dazu, sie zu lassen, als sie zu nehmen. Vielmehr soll ich mich wie in der Mitte einer Waage finden, um dem zu folgen, wovon ich verspüre, daß es mehr zur Ehre und zum Lobpreis Gottes, unseres Herrn, und zur Rettung meiner Seele ist.

180 Drittens: Gott, unseren Herrn, bitten, er wolle meinen Willen bewegen und in meine Seele legen, was ich in bezug auf die vorgelegte Sache tun soll, das mehr sein Lobpreis und seine Ehre ist, indem ich gut und getreu mit meinem Verstand nachdenke und entsprechend seinem heiligsten und wohlgefälligen Willen wähle.

181 Viertens: Erwägen, indem ich nachdenke, wieviele Vorteile oder Gewinne für den alleinigen Lobpreis Gottes, unseres Herrn, und das Heil meiner Seele sich für mich ergeben, wenn ich das vorgelegte Amt oder die Pfründe habe; und umgekehrt ebenso die Nachteile und Gefahren erwägen, die im Haben liegen.
Wiederum das gleiche im zweiten Teil tun, nämlich die Vorteile und Gewinne im Nichthaben anschauen, und ebenso umgekehrt die Nachteile und Gefahren in demselben Nichthaben.

182 Fünftens: Nachdem ich so die vorgelegte Sache durchgegangen bin und nach allen Seiten über sie nachgedacht habe, schauen, wohin sich die Vernunft mehr neigt. Und so soll man nach der

größeren Vernunftregung und nicht nach irgendeiner sinnlichen Regung die Entscheidung über die vorgelegte Sache treffen.

183 Sechstens: Nachdem diese Wahl oder Entscheidung getroffen ist, soll derjenige, der sie so getroffen hat, mit großem Eifer zum Gebet vor Gott, unseren Herrn, gehen und ihm diese Wahl anbieten, damit seine Majestät sie annehmen und bestätigen wolle, wenn es ihr größerer Dienst und Lobpreis ist.

184 Die zweite Weise, eine gesunde und gute Wahl zu treffen, umfaßt vier Regeln und eine Bemerkung.
Die Erste ist: Jene Liebe, die mich bewegt und diese Sache erwählen läßt, soll von oben herabsteigen, von der Liebe Gottes. Der wählt, soll also zuerst in sich verspüren, daß das Mehr oder Weniger jener Liebe, die er zu der Sache hat, die er erwählt, allein um seines Schöpfers und Herrn willen ist.

185 Die Zweite: Einen Menschen anschauen, den ich nie gesehen noch gekannt habe, und, indem nun ich seine ganze Vollkommenheit wünsche, erwägen, was ich selbst sagen würde, das er zur größeren Ehre Gottes, unseres Herrn und zur größeren Vollkommenheit seiner Seele tun und erwählen solle. Und indem ich es ebenso mache, die Regel einhalten, die ich für den anderen aufstelle.

186 Die Dritte: Als wäre ich in meiner Todesstunde, die Form und das Maß erwägen, die ich dann in der Weise der gegenwärtigen Wahl eingehalten haben wollte. Und indem ich mich nach jener richte, soll ich in allem meinen Entschluß treffen.

187 Die Vierte: Indem ich schaue und erwäge, wie ich mich am Tag des Gerichts finden werde, bedenken, wie ich mich dann in bezug auf die gegenwärtige Sache entschieden haben wollte. Und die Regel, die ich dann eingehalten haben wollte, jetzt nehmen, damit ich mich dann mit vollem Gefallen und Freude finde.

188 Bemerkung: Nachdem ich die obengenannten Regeln für mein Heil und meine ewige Ruhe angenommen habe, werde ich meine Wahl und mein Anerbieten an Gott, unseren Herrn, machen, entsprechend dem sechsten Punkt der ersten Weise, eine Wahl zu treffen.

Der Schluß faßt noch einmal das ganze Anliegen des hl. Ignatius zusammen: Nachdem ich Klarheit gewonnen habe, soll ich mich nicht an meiner Entscheidung festklammern wie an einem Raub, sondern diese „Wahl“ so dem Herrn bringen, daß er ganz darüber verfügen kann nach seinem Wohlgefallen. „Dabei wünsche und suche man nichts anderes als im Ganzen und durch das Ganze den je größeren Lobpreis und die Verherrlichung Gottes unseres Herrn. Denn das soll ein jeder bedenken, daß er in allen geistlichen Dingen nur insoweit Fortschritte machen wird, als er herausspringt aus seiner Eigenliebe, seinem Eigenwillen und seinem Eigennutz.“

Alles zur größeren Ehre Gottes.

5. JESUS, HEILE MICH

Heilungsgeschehen und Heilungsauftrag nach dem Neuen Testament

„Er heilte sie alle . . .“ (Mt 12,15) – Diese biblische Botschaft ist für die gegenwärtige Kirche eine Herausforderung. Einem naturwissenschaftlich geprägten Denken fällt es oft schwerer, die in der Bibel bezeugten Heilungen als wirkliches Geschehen anzunehmen. Andererseits werden aus exegetischen und theologischen Gründen die Heilungsberichte oft nur nach ihrer theologischen Sinnspitze befragt und werden vielfach als bloße „Bildaussagen“ gedeutet. Die Tatsachenfrage wird dann geflissentlich übergangen oder negativ beantwortet. Das Geschehen an Wallfahrtsorten wird dann als „Volksfrömmigkeit“ abgetan. Geradezu allergisch reagieren viele, und zwar oft besonders Theologen, wenn sie von plötzlichen Gebetsheilungen hören. Und doch ist nicht zu übersehen, daß es in der gegenwärtigen Christenheit neue Erfahrungen von Heilung gibt: Heilung von körperlichen Gebrechen, von seelischen Verwundungen, aber auch Befreiung von dämonischen Mächten. Mir persönlich sind in den letzten Jahren eine ganze Reihe glaubhafter Fälle bekannt geworden. Andererseits gibt es auch Einseitigkeiten und Übersteigerungen beim Gebet um Heilung – etwa an Wallfahrtsorten oder in pfingstlichen und charismatischen Gruppen –, zum Teil mit erheblichem theologischem Aufwand. Versuchen wir, von der Schrift her eine Klärung zufinden.[12]

5.1. Die Aussageabsicht der biblischen Verfasser

„Viele Menschen kamen und brachten Lahme, Krüppel, Blinde, Stumme und viele andere Kranke zu ihm; sie legten sie vor ihn hin

[12] Um aus den folgenden Ausführungen vollen Gewinn zu ziehen und die Vielschichtigkeit der neutestamentlichen Aussagen nicht nur zur Kenntnis zu nehmen, sondern zu „verkosten“, lohnt es sich, die zahlreichen aufgeführten Schriftstellen aufzuschlagen und ins Lesen und Bedenken miteinzubeziehen.

und er heilte sie“ (Mt 15,30). Um solche Berichte zutreffend auszulegen, müssen wir – wie bei jedem Text – zuerst nach der literarischen Gattung fragen (Vaticanum II: Offenbarung 12): Was haben die Verfasser damit sagen wollen? Die Evangelienforschung zeigt, daß die Evangelisten keine historisch exakte Reportage schreiben wollen und darum die Reihenfolge, zeitliche Situierung und andere Details der bereits mündlich überlieferten Heilungsberichte frei gestalten (Lk 1,1–4). Andererseits sind diese nicht lediglich eine legendäre, erzählerische Einkleidung der Botschaft, daß Jesus der Erlöser der Menschen ist.

Nun hört man zuweilen die These: Es mag schon sein, daß vielen Szenen irgendeine eindrucksvolle Begegnung mit Jesus zugrundeliegt, durch die in den Menschen neue Kraft geweckt wurde, die dann auch zur körperlichen Gesundung beitrug. Aber daß da auf einen Schlag eine verdorrte Hand kräftig wird und Gelähmte plötzlich aufstehen, das sei (selbstverständlich!) „Gemeindetheologie“, eine Übermalung durch frühkirchliche Verkündigung, die im nachhinein das irdische Leben Jesu verklärt und ihren „Helden“ nach antiker Manier zu einem „Wundermann“ hochstilisiert hätte. Solche „mirakelhaften Erzählungen“ würden uns aber heute eher von dem Kern der Botschaft ablenken und seien darum kein geeignetes Mittel der Verkündigung mehr. Wichtig sei allein der „tiefere Sinn“ dieser Texte, daß nämlich der Christus der kranken Menschheit neue Hoffnung gibt. Die Kernfrage ist also: Läßt sich aus den Texten nachweisen, daß die Verfasser die Heilungsberichte (oder vielleicht einige) nicht als Zeugnis von tatsächlichen Ereignissen, sondern lediglich als „Illustration“ der Botschaft von der Liebe Gottes verstanden haben?

Erste Voraussetzung für eine unvoreingenommene Textinterpretation ist, daß der Interpret grundsätzlich offen ist für neue, ungewohnte Dinge, so hier auch für die Möglichkeit von plötzlichen Heilungen durch die Kraft Gottes. Wer aus grundsätzlichen Erwägungen heraus so etwas für unmöglich hält, muß wissen, daß er dann ein Vor-urteil an den Text heranträgt. Denn da es um die Tatsachenfrage geht, muß man sich vor dem Fehlschluß hüten, daß „nicht sein kann, was nicht sein darf“. Wer z.B. überzeugt ist, daß eine Verwandlung des toten Leichnams Jesu in einen unzerstörbaren Auferstehungsleib nicht möglich (oder nicht „nötig“) sei, ist bei der Auslegung in Gefahr, vorgegebene Texte in diesem Sinn zu entschärfen. Das Gegenteil wäre die Tendenz, sich so an den scheinbaren Wortlaut zu klammern, daß man etwa den Werdegang von den zugrundeliegenden Ereignissen bis zur endgültigen Verbalisierung vernachlässigt. In beiden Fällen würde aus dem Auslegen ein „Hineinlegen".

Unsere Verfasser wollen „Evangelium" schreiben, also Zeugnis von Jesus, dem Christus. Dabei sind Worte und Taten Jesu so ineinander verwoben, daß man die Heilungsberichte nicht aus ihrem Werk herauslösen kann, ohne die Gesamtdarstellung zu zerstören. Vielmehr wird die Wortverkündigung immer wieder aufgebaut auf der *erfahrenen Wirklichkeit* der Machttaten Jesu. Das ist besonders eindrucksvoll im Johannesevangelium (vgl. Joh 2,1–12; 4,54–5,18; 6,1–15; 9,1–12; 11,1–44), wo Jesus mehrmals mit Hinweis auf sein gesamtes Tun, wozu auch Heilungen gehören, betont: „Wenn ihr mir nicht glaubt, dann glaubt doch den Taten" (Joh 10,38; 3,2; 5,36; 14,11). Auch Paulus beruft sich mehrmals auf seine apostolischen „Zeichen und Wunder und Machttaten" (Röm 15,19; 1 Kor 2,4; 2 Kor 12,12; 1 Thess 1,5). Kurz: Eine kritische Analyse der Heilungsberichte läßt keinen anderen Schluß zu, als daß die *Verfasser* durchweg tatsächliche Heilungen vermitteln und interpretieren wollen.

Die Berichte von der Stillung des Seesturmes oder der Brotvermehrung haben eine etwas andere Funktion. Aber auch wenn in der Schilderung der Ereignisse bereits Deutungen mit einfließen – so z.B. in die Berichte von der Brotvermehrung eucharistische Terminologie –, läßt sich doch überall zeigen, daß die Evangelisten nicht etwa zur Verdeutlichung einer theologischen Aussage eine sinnenfällige Geschichte erfinden. Dafür hat die Formgeschichte viel zu deutlich gezeigt, daß an der Formulierung dieser Texte die mündliche Tradition einen starken Anteil hat. Man müßte dann schon einer breiten Erzählerschaft naive Wundersucht unterstellen und ihr zugleich hohe literarische Fähigkeiten zuschreiben. Die einzige befriedigende Erklärung für die Entstehung dieser Texte wie auch für den Glauben der Urkirche ist, daß diese Heilungen und Naturwunder wirklich geschehen sind und als solche weitererzählt wurden. Jede andere Deutung tut nach meiner Sicht der Dinge den Texten Gewalt an.

Für den katholischen Christen werden solche exegetischen Ergebnisse freilich gestützt und letztlich abgesichert durch den Glauben der Kirche, die unter der Führung des Heiligen Geistes diese Texte immer als Zeugnis von wirklich Geschehenem verstand, auch im Blick darauf, daß ähnliche Ereignisse die ganze Kirchengeschichte begleiteten. Selbstverständlich haben die Heilungen *zugleich* symbolische Bedeutung für die noch tiefer liegende Erlösung von der Sünde (Mk 2,10). So wird in diesen Berichten *zugleich* etwas eingefangen von der personalen Begegnung mit dem irdischen und erhöhten Herrn, wie es die Christen der ersten Generation erfahren haben. Insofern findet in solchen Berichten auch eine innere Erfahrung eine objektive Gestalt. Aber diese „Objektivierung" geschieht anhand von Berichten über wirklich Geschehenes. So ist ja auch das „Gelobte Land" *Hinweis* auf die Bundestreue Gottes, und das Volk Israel ist *Zeichen* für das neue Gottesvolk – ohne daß dies deren Existenz beeinträchtigt. Wenn man will: Es handelt sich um Real-Symbole, nicht nur um Text-Symbole.

5.2. Heilung für jeden?

Eine andere Schwierigkeit kommt aus der entgegengesetzten Richtung: Manche meinen, daß durch Gebet jede Krankheit zu heilen sei. Sie berufen sich dann gern darauf, daß Jesus „*alle* Krankheiten und Leiden heilte" (Mt 4,23 u. a.). Nun ist er freilich auch an Kranken vorübergegangen – man denke nur an die vielen Kranken am Teich Bethesda (Joh 5,6; vgl. Mt 15,22) – und hat sich manchmal ganz bewußt den Heilung Suchenden entzogen (Mk 1,37f; 7,24; Lk 5,15f). Aber, so wird erwidert, er hat keinen weggeschickt, der mit Vertrauen zu ihm kam oder zu ihm gebracht wurde. Daraus zieht man häufig den Schluß: Wenn du nur im Glauben jede Krankheit zu Jesus bringst, wird er dich immer heilen. Nach den Gesetzen der Logik würde daraus folgen: Wenn ein Mensch nach einem solchen Gebet krank bleibt, muß es ihm an Glauben gefehlt haben. Manche geraten dadurch unter einen inneren Druck, und wohlmeinende, übereifrige Christen können andere damit bedrängen. Aber nach dieser Argumentation dürfte es strenggenommen überhaupt keine gläubigen Kranken geben, ja es müßten sogar alle altersbedingten Krankheiten immer wieder geheilt werden, so daß ein gläubiger Christ nie an einer Krankheit sterben dürfte.

Diese Konsequenz ist hier absichtlich so drastisch zu Ende gedacht, damit jeder deutlich sieht, daß offensichtlich die Voraussetzungen nicht stimmen. Ein erster Fehler liegt darin, daß wir die Berichte der Evangelien nicht richtig gelesen haben. Wenn sie an mehreren Stellen von der Heilung „aller" sprechen, sind das sogenannte „Sammelberichte", Zusammenfassungen also, deren pauschale Redeweise nicht überdeutet werden darf. Was ist z.B. mit den Sätzen gemeint: „alle suchen dich" (Mk 1,37), „alle suchten ihn zu berühren" (Lk 6,16; 8,37), „alle Zöllner und Sünder kamen zu ihm" (Lk 15,1) oder „alle suchen das ihre" (Phil 2,21)? Wirklich „alle"? Und was heißt: „Alle wurden von Furcht ergriffen und priesen Gott" (Lk 7,16)? Die Reaktionen waren doch oft sehr unterschiedlich bis hin zur Ablehnung (Lk 11,14–16)! Die Verfasser wollen mit solchen Formeln offensichtlich einen allgemeinen Eindruck wiedergeben, aber nicht behaupten, daß es keine Ausnahme gab. Mk 1,34; 3,10 heißt es: „Er heilte viele". Wir dürfen also nicht *mehr* in die Evangelien hineinlegen als die Verfasser selbst.

Ein zweiter Fehler besteht darin, daß wir eine Aussage über den *irdischen* Jesus unbesehen auf den *erhöhten* Herrn übertragen. Mit welchem Recht? Jesus von Nazaret hat manche Dinge getan, die er nachher nicht mehr in gleicher Weise fortsetzt. So „antwortet" er heute selbstverständlich auf eine andere Weise als damals. Jesus nimmt gewiß auch heute noch jede Bitte um Heilung aufmerksam wahr, aber wir können nicht sagen, was er tun wird. Daß er in der Zeit seiner öffentlichen Tätigkeit keinem seine Krankheit ließ, der ihn um Heilung bat – wenigstens ist uns kein Fall berichtet –, läßt jedenfalls nicht den Schluß zu, daß dies nach der Auferstehung noch in der gleichen Weise gilt.

Es ist ein Grundgesetz der Heilsgeschichte, daß Gott bestimmte Zeiten und Orte, Personen und Völker auswählt, um sich durch sie vor aller Welt und für alle Zeiten zu offenbaren. Wie er das Volk Israel und in ihm besondere Propheten erwählte, so hat er auch durch die Geschichte der Kirche manche Orte als besondere Stätten des Glaubens gesegnet und Menschen ausgewählt, denen er besondere Aufträge gab; auch hat er immer wieder Erweckungsbewegungen geschenkt, durch die er der Kirche frisches Leben zuführte. Es ist weder das Verdienst Abrahams noch Schuld der anderen Völker, daß Israel ausgewählt wurde, und die anderen nicht (vgl. Dtn 7,6–8); so kann man auch nicht sagen: wenn die Christen nur Glauben hätten, würden an jedem Ort die gleichen Dinge geschehen wie in Lourdes oder wäre jedes Christenleben mit sichtbaren Wunderzeichen angefüllt. Das Leben Mariens verlief doch offensichtlich sehr schlicht, auch nach der Sendung des Geistes. Es gibt Zeiten des Blühens und Zeiten des Reifens (Koh 3), und diese bestimmt Gott!

Jesus ruft in Nazaret ein „Gnadenjahr des Herrn" aus (Lk 4,19) und unterscheidet die „Zeit, da der Bräutigam bei ihnen ist" (Mk 2,19f vgl. Joh 3,29) von der Zeit davor und danach. In den Jahren seines öffentlichen Wirkens will also Gott etwas Besonderes tun! Oder hatte Jesus in den 30 Jahren bisher dem Vater keine Machttaten zugetraut? Hatte er bis dahin kein Mitleid mit kranken Menschen gehabt, obwohl er sie hätte heilen können? Und auch für die Zeit nach seiner Auferstehung gilt nicht einfach das Gleiche wie in den drei Jahren („dann werden sie fasten" Mt 9,15). So müssen die Christen wie Jesus „hören", was der *Vater ihnen jeweils aufträgt* (vgl. Joh 5,19f; 8,28f) und müssen der Versuchung widerstehen, zur falschen Zeit vom Vater Zeichen zu verlangen (Mt 4,1–11; 16,1–4; Joh 7,6ff). Zugleich aber müssen sie jederzeit auf sie gefaßt sein; denn die Meinung, Zeichen und Geistesgaben seien nur am Anfang notwendig gewesen und – jedenfalls in dieser Häufigkeit – der Urkirche vorbehalten, ist durch nichts zu rechtfertigen. Oft ist dies ein Vorwand für Kleinglauben und dient als Entschuldigung für geistliche Trägheit. Wer will eine Zeit benennen, in der Zeichen nicht „notwendig" gewesen wären? Aber dies ist eine falsche Kategorie, da Zeichen nicht aus der Not einer Zeit abzuleiten, sondern freie Geschenke Gottes sind – in der Kirchengeschichte immer wieder bezeugt. Wer könnte etwa die Möglichkeit eines „neuen Pfingsten" von vornherein ausschließen?

5.3. „Wenn du nur Glauben hast . . ."

Diese Unberechenbarkeit gottgewirkter Zeichen ist nicht leicht zu ertragen. Ist dies der Grund, warum manche Christen es stets auf mangelnden Glauben zurückführen, wenn nach einem Gebet keine Heilung geschieht? Sie berufen sich dann gern auf das Wort Jesu: „Alles kann, wer glaubt." – Nun, Jesus will dort nicht „Übereifrige“ noch mehr anspornen, sondern diese Worte haben ihren „Sitz im Leben“ in der Überwindung einer grundsätzlichen Skepsis bei den damaligen Hörern. Außerdem ist auch in den Evangelien Glaube zwar in vielen Fällen eine Voraussetzung von Heilung, aber keineswegs immer. Manchmal fragt Jesus nicht nach dem Glauben (Mk 3,1–6; Joh 9,1–7; vgl. Apg 28,8), weil er etwa seine Gegner herausfordern will; auch sonst geht er ungefragt auf Kranke zu (Mt 12,13; Lk 7,13). Er ist in den Jahren seiner öffentlichen Tätigkeit sicher manchem Leichenzug begegnet. Warum geht er nur in Nain auf die Mutter zu? Hatte diese Frau „Glauben“ und andere nicht? Richtig ist wohl, daß hier wie in dem Blindgeborenen „das Wirken Gottes offenbar werden“ sollte (Joh 9,1–7)! Für Jesus ist also entscheidend, welches „Werk“ ihm der *Vater jeweils zeigt* (Joh 2,4; 5,19.30; 7,3–6).

Die letzte Entscheidung, ob ein Mensch geheilt wird oder nicht, liegt nicht in der Bereitschaft, der Sehnsucht oder dem Glauben eines Menschen, sondern in der freien Zuwendung Gottes. Auch heute gibt es Berichte, daß etwa erklärte Atheisten ungefragt durch den Zuspruch eines Menschen geheilt worden sind. Wie durch Berufungserlebnisse (Apg 9,1–9), so kann Gott auch mit Heilungen ungefragt in das Leben eines Menschen eintreten. Sofern aber der persönliche Glaube des Menschen eine Rolle spielt, muß zu dem *allgemeinen* Glauben an Gottes Allmacht und der menschlichen Sehnsucht nach Gesundheit auf der einen Seite von Gott her auf der anderen Seite eine je individuelle Anregung und Einladung des Geistes hinzukommen, sozusagen das Geschenk eines *„konkreten“* Glaubens. Zum „allgemeinen“ Glauben gehört es, daß Gott selbstverständlich die Macht hat, jede Krankheit sofort zu heilen und daß er dies gelegentlich auch getan hat; aber die Zeit der Heilung gehört ihm. Ob aber im konkreten Fall sein Heilswille für diesen Menschen im Angebot einer sofortigen wunderbaren Heilung liegt, können wir nicht aus dieser „allgemeinen“ Offenbarung ableiten. Wir können Gott zwar darum bitten, aber immer im Hören auf seine Antwort. Daß Gott hier und jetzt auf wunderbare Weise heilen will, können wir also erst „glauben“, wenn Gott es konkret geoffenbart hat. Wenn der Mensch nicht bereit ist, Gottes Unverfügbarkeit anzuerkennen und ihm sein Geheimnis zu lassen, ist er in Gefahr, seinen eigenen Wunsch zum Glaubensinhalt zu erheben.

In der Tat empfängt manchmal ein Christ eine innere Sicherheit, daß Gott hier heilen will. Sie ist zuweilen verbunden mit einer besonderen „Gabe des Glaubens" (1 Kor 12,9), so daß er kraft dieses Glaubens nun mit dem Wissen um die Verheißung bitten und dies auch vor anderen bekennen darf und soll. Es kann auch sein, daß er wie Petrus die Heilung sogar direkt zusprechen darf (Apg 3,6). In beiden Fällen handelt es sich um ein eigenes Charisma, um ein je einmaliges, aktuelles Geschenk, das Gott „dem einen gibt" (1 Kor 12,9) und einem anderen nicht. Nur dann läßt sich das Wort anwenden: „Alles, worum ihr betet und bittet – vertraut, daß ihr es empfangen habt, und es wird euch zuteil werden" (Mk 11,24). Diesen Glauben kann der Mensch nicht durch Anstrengung aus sich herausholen, sondern Jesus fordert dazu auf, sich zu prüfen, ob dieser Glaube aktuell geschenkt ist – vielleicht auch dazu, um diesen Glauben zu bitten –, und wenn er gegeben ist, ihn mit ganzem Herzen zu vollziehen. Jesus will ja nicht sagen: Wenn ihr nur hartnäckig genug seid, wird euch alles gegeben, was ihr euch in den Kopf setzt; sondern der Vers ist eine *Folgerung* aus Mk 11,23: „Wenn jemand zu diesem Berg sagt, hebe dich empor und stürze dich ins Meer, und wenn er in seinem Herzen nicht zweifelt, sondern glaubt, daß geschieht, was er sagt, dann wird es geschehen". *Ob* jemand einen solchen Glauben empfängt und in sich wahrnimmt, ist Gottes freie Zuteilung (1 Kor 12,9; 13,2).

Mit den Worten des Johannesevangeliums heißt das: „Ich werde alles tun, was ihr *in meinem Namen* erbittet" (Joh 14,13). Also nur, wer in diesem konkreten Befehl: „Hebe dich hinweg" oder in der Bitte um Heilung *„in Christus"* ist, hat jene Vollmacht. Dies aber hängt nicht nur vom „guten Willen" des Menschen ab, sondern zuerst von Jesus selbst. So muß sich im Blick auf Gott klären, nicht nur, ob der Mensch mit seiner Bitte in Jesus bleiben „will", sondern auch, ob Jesus *bei diesem Bitten* in dem Menschen *„bleibt"*, das heißt, ob Jesus mit dieser Bitte so eins ist, daß er die Verheißung einer Erfüllung schenkt und der Mensch nun folglich „in seinem Namen" um Heilung bittet (Joh 15,5; vgl. 15,16; 16,23). Wenn solche Sätze nicht von dem inneren geistlichen Geschehen einer von Gott geschenkten Einheit mit Christus her, sondern rein äußerlich angewandt werden, kommen groteske und bizarre Dinge heraus. Es ist also falsch, die Verheißung Jesu an Jairus: „Glaube nur, dann wird deine Tochter gerettet" (Lk 8,50), unbesehen auf jedes Gebet um

Heilung zu übertragen, als ob dieser „konkrete Glaube“ nur von unserer Glaubensbereitschaft abhinge und wir ihn folglich „in der Hand hätten“. Die sogenannte „Logik“, daß Jesus hier und jetzt heilen will, weil er ja angeblich „alle heilt“, führt also in eine Sackgasse.

5.4. Zeichen für das Reich Gottes

Die Unverfügbarkeit von Gebetsheilungen hängt vor allem damit zusammen, daß sie wie im Neuen Testament so auch heute immer *Zeichen* für das anbrechende Gottesreich sind. Nur wer sie in diesem Zusammenhang sieht, deutet sie richtig.

Selbstverständlich wird in ihnen die Liebe zu den leidenden Menschen sichtbar, deren Schmerz er lindern will; aber das letzte Ziel ist, den Blick zu öffnen für eine tiefere Heilung: Die Versöhnung mit Gott durch die Vergebung der Sünden (Mk 2,1–12). Jesus ist also nicht gekommen, um die Ärzte arbeitslos und die Krankenhäuser überflüssig zu machen, sondern um den Menschen von der Mitte seiner Person her zu berühren und zu heilen. Jede körperliche Heilung ist insofern nur Zeichen und Real-Symbol für das Reich Gottes und nicht mit diesem identisch. Darum bleibt es immer Geheimnis seiner Liebe, wann und wem er eine solche zeichenhafte Heilung schenkt, während er seine *Gnade* allen zugesagt hat.

Es ist darum pastoral außerordentlich wichtig, daß das Gebet um Heilung beim einzelnen und in Gruppen und Gemeinden eingebettet ist in die Verkündigung der Botschaft und niemals Selbstzweck wird. Da die Grenzen hier fließend sind, müssen sich besonders die Verantwortlichen von Großveranstaltungen beständig überprüfen und die Feineinstellung immer neu regulieren. Man wird vorsichtig sein bei Christen, die marktschreierisch und ohne kirchliche Bindung ihre Heilungsdienste anbieten, wird aber zugleich darum wissen, daß Gott auch „aus den Steinen Kinder Abrahams erwecken kann“ (Mt 3,9). Jesus sagt über den Fremden, der in seinem Namen Dämonen austreibt: „Hindert ihn nicht. Denn wer nicht gegen euch ist, der ist für euch“ (Lk 9,49). Andererseits ließ er sich durch die Gefahr eines Mißbrauchs nicht grundsätzlich davon abhalten, die ihm aufgetragene Botschaft in Wort und Tat auszurichten, auch wenn viele Menschen an der Oberfläche hängen blieben.

5.5. Wundersucht und Leidensmystik

Um für jeden Fall ein eigentliches „Heilungsgebet" zu rechtfertigen, wird oft gesagt: Aber Gott will doch nicht die Krankheit, sondern die Gesundheit; wer die Krankheit fraglos als etwas Unabänderliches hinnimmt, hat ein falsches Gottesbild. – Selbstverständlich zeigt schon die Schöpfungsordnung, daß jeder Mensch auf Gesundheit hin angelegt ist. Aber wenn Menschen von Kind auf behindert sind, ist dies nicht etwa ein Zeichen, „daß sie oder ihre Eltern gesündigt haben" (Joh 9,2f) oder ihre Umgebung nicht gläubig genug gebetet hat. Nach Paulus ist die Krankheit wie der Tod letztlich eine Folge der Ursünde der Menschheit (Röm 5,12); wenn er in 1 Kor 11,30 in Krankheit und Tod „einiger" eine „Züchtigung" Gottes für den Mißbrauch der Eucharistie sieht, heißt das nicht, daß er jede Krankheit auf persönliche Sünde zurückführt (vgl. Gal 4,13; Phil 2,27). Der Prozeß der Erlösung beginnt in der personalen Mitte des Menschen – und somit im Hier und Heute unseres irdischen Lebens –, aber er vollendet sich erst am Ende der Zeit. Wenn und wo inzwischen dieses Heil sich *zeichenhaft* bis in die körperliche Heilung hinein auswirkt, bleibt Geheimnis Gottes.

Freilich gibt es in katholischen Kreisen eine Betonung von Kreuz und „Leidensnachfolge", hinter der sich andere Motive verbergen: Mangel an Lebensbejahung bis zu selbstzerstörerischen Tendenzen und Masochismus; eine subtile Folge von Leistungsfrömmigkeit und der Irrtum, daß das Schwierigere immer das Bessere und Gott Wohlgefälligere sei; ein geheimer Stolz, der das Ertragen von Leid zur Selbstbestätigung mißbraucht; Mangel an Glauben, daß Gott heilen kann, verbunden mit der falschen Demut, daß man sich ja mit dem „Gewöhnlichen" begnüge und Gott nicht „belästigen" wolle. Hinter solch unerlöstem Christentum verbirgt sich in der Tat ein düsteres Gottesbild, das zu wenig von der Auferstehung geprägt ist. Selbstverständlich will Gott nicht das Leiden in sich, wie er auch den Tod seines Sohnes nicht „gewollt" hat. Aber das besagt nicht, daß er diese Folge der Sünde sofort hinwegnimmt; hat er uns doch *durch den Tod hindurch* erlöst. Offensichtlich hat also auch Krankheit eine Funktion im Prozeß der Erlösung des Menschen (2 Kor 1,10). Sie kann der Ort sein, an dem die „Kraft Gottes zur Vollendung kommt" (1 Kor 12,9).

Zuweilen wird ein scharfer Unterschied gemacht zwischen den Leiden einer Krankheit und den schmerzlichen Folgen, die sich aus dem Christsein in dieser Welt ergeben – bei Paulus etwa die „apostolischen Leiden“ (2 Kor 6,2–10; 11,23–29): Nur das Zweite habe den Ehrentitel „Kreuz“, das erste dagegen nicht; darum müsse man bei jeder Krankheit um Heilung beten. Aber bewußte und unbewußte, bekannte und unbekannte Ursachen der Leiden fließen oft so ineinander, daß man sie in der Praxis nicht trennen kann. Und letzte Ursache der Schmerzen ist in beiden Formen von Leid die Sünde, sei es eigene, sei es die Sünde anderer Menschen (Erziehung, Verfolgung) oder die Ursünde. Entscheidend ist doch, daß Christus dem Menschen *in jeder Not* zur Seite steht und daß folglich auch der Christ alle seine Bedrängnisse und Schmerzen, ganz gleich woher sie kommen, mit Christus zu bewältigen sucht. Dann kann jede Krankheit zum Instrument des Heiles werden, ob nun durch Heilung Gottes Herrlichkeit offenbar wird oder ob sie zum Ort des Reifens und einer anderen Form der Christusbegegnung wird (vgl. Kol 1,24).

Hinter dem Versuch aber, jede Krankheit sofort wegbeten zu wollen, kann sich auch ein grundsätzliches Aufbäumen gegen solche Grenzerfahrungen oder ein Ablehnen des Leidens verbergen, ähnlich wie Petrus den Herrn vom Kreuz abhalten wollte (Mt 16,23). Eine Bitte setzt voraus, daß wir den, den wir bitten, nicht unter Druck zu setzen suchen, sondern ihm Raum lassen, in Freiheit zu antworten. Manche Fürbitten klingen so, als ob Gott unser Befehlsempfänger wäre. Es entspricht jedoch unserer Stellung als Geschöpfe, daß wir wie Jesus am Ölberg immer von der Grundhaltung ausgehen: „Dein Wille geschehe, nicht der meine“. Es mag sein, daß wir manchmal lange Zeit brauchen, bis wir diese Bereitschaft aussprechen können, aber wir können und dürfen diesen Satz nicht umgehen. Manchmal hört man den seelsorglichen Rat, diesen Satz wegzulassen, weil sich dahinter ein Mangel an Glauben verstecken könnte. Ein Gläubiger müsse immer ohne solche Bedingungen bitten. Dies ist theologisch und pastoral falsch und kann verheerende Folgen haben, weil sich Menschen dann in eine selbstgemachte Frömmigkeit hineinsteigern. Man darf nicht grundlegende Wahrheiten streichen, nur um dem Mißtrauen kein Alibi zu geben. Die beiden Extreme von Heilungssucht und „Leidensmystik“ sind nur von der gesunden geistlichen Mitte her zu überwinden: in der Hingabe an Jesus Christus immer neu zu erkennen, wohin der Geist uns jeweils führt.

5.6. Christusbegegnung oder Sensation?

Die Evangelien berichten meist von einzelnen Heilungen; aber hier und da ergriff die Nachricht vom Kommen Jesu eine ganze Ortschaft und „sie brachten alle ihre Kranken zu ihm“ (Mt 14,35f). Dies ist gewiß oft ein Zeichen von großem Vertrauen. Es kann aber auch zu einem Massensog werden, wie auch heute manchmal bei einem Menschen mit besonderen Fähigkeiten oder an einem Wallfahrtsort. Dann werden die Heilungen oder sensationellen Ereignisse so wichtig, daß die Botschaft dadurch verdeckt wird.

Wie verhält sich Jesus gegenüber solchem allzu menschlichen Begehren? Er weicht nicht nur hier und da dem Drängen der Menge aus (Mk 1,37 f; Joh 6,15.26), sondern verbietet den Geheilten manchmal, über ihre Heilung zu sprechen (Mt 9,30; 12,16). Dies hängt nicht nur mit dem „Messiasgeheimnis“ zusammen, sondern zunächst einmal mit der jeweiligen Situation und dem Charakter der betreffenden Menschen. So verbot Jesus in Mk 1,43 f dem Geheilten, von der Heilung zu reden, weil er sah, daß dieser Mann damit eine Sensation und sich selbst interessant machen wird. Denn „der Mann ging hin und begann, es überall breitzutreten, so daß Jesus sich in keinem Ort mehr sehen lassen konnte“ (Mk 1,45). Durch seine Art, davon zu reden, wurde also nur die Sensationslust der Menschen angesprochen, während die ernsthaft Suchenden sich eher abgestoßen fühlten. Ferner bestand die Gefahr, daß der Schwerpunkt der Botschaft verschoben wurde und bei den Menschen nur noch der Eindruck eines Wunderheilers übrigblieb. Um also niemand zurückweisen zu müssen, weicht Jesus den Begegnungen mit den Kranken aus.

Dem Geheilten von Gerasa dagegen gibt Jesus ausdrücklich den Auftrag: „Geh nach Hause und berichte deiner Familie, was der Herr für dich getan hat“ (Mk 5,19 f). Offensichtlich verspricht sich Jesus davon eine gute Wirkung (vgl. Mk 5,20),etwa daß die Menschen nach dem fragen, der so etwas getan hat.

5.7. Heilung durch Gebet und Heilung durch naturgegebene Kräfte

Hier geht es um den Unterschied zwischen Heilungen im Namen Jesu und dem, was Menschen mit besonderen natürlichen Kräften bewirken. Zunächst scheint es mir wichtig, letztere nicht von vornherein zu verdächtigen oder abzuwerten. Nachdem zuerst die Chemie und später die Tiefenpsychologie in den Dienst der Gesundheit gestellt wurden, ist es nicht verwunderlich, daß man heute – zum Teil mit Hilfe wissenschaftlicher Methoden – alle verborgenen „spirituellen" Kräfte der Natur neu zu erkennen und zu nutzen sucht. Im Grund werden hier nur Einsichten vertieft, die in der Menschheit intuitiv immer irgendwie vorhanden waren und auch erlebt wurden (z.B. indianische Heiler). Und immer gab es wohl Menschen, die hier besonders sensibel waren, die so etwas wie einen „sechsten Sinn" hatten (z.B. Spökenkieker, sog., Naturheiler u.a.). Sie arbeiten oft mit Augendiagnose, Pendeln, Händeauflegen, Hypnose, (indischer) Meditation, Tanz und ähnlichen Praktiken. Ob hier im Einzelfall Scharlatanerie vorliegt oder eine echte Begabung, das muß durch eine Überprüfung der Persönlichkeit geklärt werden. So schwierig eine derartige Prüfung sein mag, darf man doch besondere naturgegebene Heilkräfte nicht einfach ausschließen.

Man muß dann nur gut unterscheiden, ob mit dieser Begabung *fremde Heilslehren* verbunden sind oder ob der Raum für Christus wirklich offenbleibt. Da der Heilige Geist in gewissem Sinn in allem ehrlichen religiösen Suchen am Werke ist (vgl. Apg 17,27 f; Röm 2,14 f), ist auch in anderen Religionen mit echten Gebetsheilungen zu rechnen, und versuchen alle Religionen zu recht, auch natürliche Heilkräfte zu integrieren. Aber da in Christus alle anderen religiösen Wege grundsätzlich überholt sind, kann es für einen Christen keinen Weg und keine Praktik geben, die sich nicht eindeutig Christus zuordnen läßt.

Man wird also „Heilungsdienste" daraufhin prüfen und sich nicht leichtfertig fremden Einflüssen aussetzen, auch wenn es sich um „natürliche Begabungen" zu handeln scheint. Je tiefer wir in den Bereich des Geistes vordringen, um so klarer brauchen wir die Rückbindung an Christus, weil sonst in dieses Vakuum Einflüsse eindringen, die gern im Trüben fischen und letztlich von dem Widersacher Gottes (fern-)gesteuert werden (vgl. 1 Kor 10,20 f). Ohne auffällige Phänomene vorschnell auf dämonische Einflüsse zurückzuführen, muß man doch damit rechnen, daß sich der Böse tieferer innerpsychischer Vorgänge und psychischer Krankheiten zu bemächtigen sucht, wie er ja auch alle gesunden Kräfte des Menschen in seinen Dienst zu stellen weiß (z.B. bei Ideologien).

Andererseits ist durch diese Überlegungen klar geworden, daß auch die Heilungen „im Namen Jesu" in naturgegebene Vorgänge „eingebettet" sind. Es können also bei solchen Heilungen seelische Kräfte des Kranken und besondere Fähigkeiten einzelner Beter eine Rolle spielen. Dennoch sind sie mehr als eine psychosomatische Therapie, (wenn und) weil im Zentrum der Glaube an Jesus Christus und das Wirken seines Geistes steht. Die Erfahrung zeigt, daß von dieser geistlichen Mitte her tiefere naturgegebene Anlagen des Menschen besonders leicht freigesetzt werden. (Dies gilt auch in anderen Bereichen, etwa in der Prophetie). Dennoch sind diese naturgegebenen Kräfte für den Beter nicht im gleichen Sinn verfügbar wie für einen Naturheiler; Menschen, die von Gott mit dem Heilungsdienst beauftragt sind, nehmen oft sehr deutlich wahr, ob Gott in einem konkreten Falle Heilung schenken will. Daneben gibt es immer wieder Berichte von Heilungen, wo bei den Beteiligten keine derartigen besonderen Fähigkeiten erkennbar sind. Denn auch hier gilt der Satz: „Was im Sinn dieser Welt schwach ist, hat Gott erwählt" (1 Kor 1,27), damit aus diesem Mißverhältnis von Ursache und Wirkung deutlich wird, daß das „Übermaß an Kraft von Gott und nicht von uns kommt" (2 Kor 4,7): heilende Kräfte aus der gnadenhaften Zuwendung Gottes, die sich bis ins Körperliche hinein auswirken. Denn solche Heilungen sind Zeichen für das heilsgeschichtliche Ereignis des Reiches Gottes, auffällige Naturheilungen dagegen sind theologisch gesehen dassselbe wie ärztliche Heilungserfolge.

Für die Praxis des christlichen Alltags ist es wichtig, die Kluft zwischen Gebetsheilungen und einer „profan" verstandenen Hilfe zu schließen. Denn für einen Christen sollen die Lebensvorgänge „geistlich" sein, integriert in seine persönliche Gottesbeziehung. Jede Konsultation des Arztes sollte darum von Gebet getragen sein, sonst hat der betreffende noch nicht alle Bereiche seines Lebens dem Geist geöffnet. Das schließt eine gewisse Eigenständigkeit des geistlichen und medizinisch-therapeutischen Bereichs nicht aus. Es sind aber nur verschiedene Ansatzpunkte zur Heilung des einen, ganzen Menschen. Der Christ wird also gerade aus Ehrfurcht vor dem Schöpfer und Erlöser die Krankheit immer von zwei Seiten angehen: Er wird in seiner Not zu Gott beten und zugleich in angemessener Weise ärztliche/therapeutische Hilfe in Anspruch nehmen. Die Eigenständigkeit der Bereiche erfordert es, daß wir zugleich medizinische/psychologische und seelsorgliche/geistliche Hilfen einsetzen und daß darin keiner dem anderen sein „Feld" streitig macht; die Einheit des Menschen als eines der Erlösung bedürftigen Geschöpfes erfordert gegenseitige Offenheit beider. Wie ein guter Seelsorger einen Ratsuchenden im gegebenen Fall zu einem Arzt oder Therapeuten schicken wird, so weiß eine mehr ganzheitlich orientierte Medizin wieder mehr um die psychischen, ethischen und religiösen Komponenten einer Krankheit. Beide Ansätze führen letztlich auf das Wirken Gottes als die gemeinsame Grundlage zurück. Hat doch auch „der Arzt von Gott die Weisheit". Darum „bete in der Krankheit zu Gott; denn er macht gesund. Doch auch dem Arzt gewähre Zutritt! Zu gegebener Zeit liegt in seiner Hand der Erfolg; denn auch er betet zu Gott." (Sir 38,1–15). Der Ausdruck „zu gegebener Zeit" meint hier, daß der Arzt oft an Grenzen stößt. Aber auch für den Beter gilt, daß er vor Gott auf die „gegebene Zeit" achten muß: wann er auf den Arzt verweisen und wie er um Gesundheit beten soll. Denn auch wenn Gott in einzelnen Fällen ohne Vermittlung ärztlicher Hilfe heilt und zeichenhafte Dinge tut, die kein Arzt vermag, bleibt doch wahr, daß er gewöhnlich die Hilfe des Arztes mit einbezieht. Je tiefer allerdings Krankheiten den Kern der Persönlichkeit betreffen, um so mehr kommt auch der Arzt oder Therapeut an eine Grenze. Bei seelischen Verwundungen vermag er oft nur noch die Ursachen aufzudecken, ohne die helfenden personalen Beziehungen bieten zu können. Wenn der Mensch aber diese Wunden im Gebet dem liebenden Gott zeigt, beginnt in ihm eine Wandlung. Daß sich derjenige, der mit einem anderen um solche innere Heilung betet, dabei auch psychologischer Kenntnisse bedient, ist dann ebenso legitim, wie von einem Therapeuten zu fordern ist, daß er zu Gott hin offen ist oder wenigstens die Glaubensüberzeugung des Patienten respektiert.

5.8. Die „Gabe der Heilung“

Diese „Gabe“, die uns in Jesus und seinen Jüngern begegnet, ist weder hohe ärztliche Kunst noch eine besondere mediale Befähigung, sondern ein „Charisma“, eine Offenbarung Gottes und „Manifestation des Geistes“ (1 Kor 12,7.9). Solche „Geschenke von Heilungen“ werden von Gott „dem einen oder anderen gegeben“, also nicht jedem Christen in gleicher Weise. In dieser unverfügbaren Zuteilung liegt ein Wesenszug des Charismas.

Manchmal sind Menschen, die Heilung durch Gebet erfahren haben, bei jeder Krankheit geneigt zu sagen: „Dann müssen wir eben beten, und alles wird gut“. Ohne im Einzelfall hinzuhören, was Gott hier und jetzt tun will, wird das Gebet wie ein Allheilmittel oder sogar Druckmittel gebraucht. Der Fehler liegt hier in der Verallgemeinerung, den wir oben schon sahen. Zugleich liegt darin oft ein Mangel an Ehrfurcht vor der Gottesbeziehung des Kranken. Statt in einem angemessenen Augenblick schlicht zu fragen: „Wollen wir nicht einmal miteinander beten?“ wird der Eindruck erweckt, als ob man im Gebet alles erreichen könnte und der Kranke bisher noch nicht richtig gebetet habe. Mag bei vielen subjektiv eine gewisse Naivität vorliegen, so ist solches Verhalten doch objektiv nicht nur eine Beleidigung des Kranken, sondern auch eine Vermessenheit Gott gegenüber. Denn sie beachtet nicht, daß „Geschenke von Heilungen“ zugeteilt werden „wie der Geist es will“ (1 Kor 12,9.11).

Menschen mit einer echten Heilungsgabe dagegen wissen sehr genau, daß sie jedesmal neu hinhören müssen, was Gott tun will. Manche lernen dann durch Erfahrung, daß sie bevorzugt in einem ganz bestimmten Bereich Heilung vermitteln dürfen, etwa für körperliche Krankheiten, andere im Bereich der seelischen Heilung, andere im Kampf gegen dämonische Mächte. Sie merken es dadurch, daß sie öfter bei ähnlichen Fällen eine Kraft des Glaubens, der Liebe und der Fürbitte spüren, während andere, die ebenso für Kranke beten, vom Geist her erkennen, daß dies nicht ihre spezifische Aufgabe ist. Das hindert sie nicht, alles Leid, das ihnen begegnet, im Gebet zu Gott zu tragen; aber sie spüren auch, daß sie nach einer gewissen Zeit mit Recht dieses Gebet abschließen.

5.9. „Heilungsauftrag der Kirche“?

Was kann mit diesem Wort gemeint sein und was nicht? Nicht daß jeder „beauftragt“ wäre und es gleichsam in der Hand hätte, ob Zeichen geschehen oder nicht, sondern daß die Kirche als ganze unter der „Verheißung“ steht, daß „durch jene, die glauben, folgende Zeichen geschehen werden: Kranken werden sie die Hände auflegen und sie werden gesund werden“ (Mk 16,17 f). Nicht, daß jeder alle genannten Zeichen vollbringen soll, wohl aber, daß solche Zeichen immer wieder einmal in der Gemeinschaft der Glaubenden geschehen werden. Daraus ergibt sich: Wir Christen sollen im Gebet alle Kranken zu Jesus bringen, zu gegebener Zeit auch unter Handauflegung für sie beten, dann wird Gott hier und da – wo er will – solche Zeichen wirken.

Wir sind jedenfalls nicht berechtigt, den Auftrag Jesu an die siebzig Jünger: „Geht und macht die Kranken gesund“ (Lk 10,9), unbesehen auf jeden christlichen Missionar oder gar auf jeden Christen zu übertragen. Denn der „Auftrag“ ist schon innerhalb des Evangeliums eingegrenzt: Er ist den Jüngern zur Zeit des öffentlichen Wirkens Jesu so nur in einer bestimmten Phase gegeben worden (vgl. Lk 10,17), während wir sonst nicht davon hören, daß sie (ständig?) geheilt hätten – abgesehen von dem mißglückten Versuch bei dem besessenen Knaben (Lk 9,40). Die Evangelisten müssen also unterschieden haben zwischen einem aktuellen Heilungsauftrag zu gegebener Zeit und einem allgemeinen Gebet für Kranke. Niemals hören wir, daß die Apostel nach Ostern einen allgemeinen „Auftrag“, Kranke zu heilen, empfangen oder weitergegeben hätten (zu Mk 16,18 s.u.). Auch wenn alle füreinander beten sollen, „damit sie geheilt werden“ (Jak 5,16), ist doch ein besonderer „Auftrag“ den Ältesten vorbehalten; und bei diesem kann man nicht sagen, daß „Rettung und Aufrichtung des Kranken“ immer eine sofortige und bleibende „Heilung“ meint (Jak 5,14 f; vgl. 1 Tim 5,23; man vergleiche 1. Klemensbrief 59,4, wo ähnlich wie in Jak 5 unterschieden wird zwischen „retten“, „aufrichten“ und „heilen“).

Die Urkirche geht nicht davon aus, daß es eigentlich keine Kranken unter den Gläubigen geben dürfte (vgl. 1 Tim 5,23), sondern ist wie das Alte Testament (2 Kön 5; Tob 11) überzeugt, daß jede Heilung eine überraschende Gabe Gottes ist. Heilung durch Gebet war nicht der Normalfall christlicher Krankenpflege. Auch wenn Gebetsheilungen zu gewissen Zeiten häufig geschahen, waren sie doch immer an besondere Personen gebunden und nicht jedermanns Sache (vgl. Apg 5,16; 8,7; 14,3.8 ff; 19,11–17; 20,10; 28,8 f).

Bei Epaphroditus (Phil 2,26 f) scheint eine längere Krankheit vorgelegen zu haben, so daß Paulus seinen jungen Helfer nicht sofort durch Gebet heilen konnte. *Paulus selbst* war offensichtlich sein Leben lang krank und betont ausdrücklich, daß Gott ihm eine wiederholte Bitte um Heilung abgeschlagen habe, so daß er mit der Last jener Krankheit weiterleben müsse (2 Kor 12,8; Gal 4,13 f). Schließlich ist es selbstverständlich, daß auch bei den Verstorbenen der Urkirche (vgl. 1 Thess 4,13) die normale Todesursache eine Krankheit war. Gelegentliche Heilungen von todbringenden Krankheiten (Apg 28,6) bleiben selbtverständlich Ausnahmen.

Die Kirche wird also ihrem „Auftrag" gerecht, wenn sie die Kranken mit Glauben und Vertrauen Christus empfiehlt und dabei offen ist für zeichenhafte Heilungen. Dazu gehört, daß sie die einzelnen Christen ermutigt, „den Geist nicht auszulöschen" (1 Thess 5,19), d.h. auf die jeweiligen Anregungen des Geistes zu achten und Heilungsgaben (wie Prophetien) „nicht gering zu achten" (vgl. 1 Thess 5,20), sondern ihnen zu einem gesunden Wachstum zu helfen. Dazu gehört eine gewisse Gelassenheit, der alles suggestive und hektische Drängen fremd ist. Die Tatsache, daß heute in geistlichen Neuaufbrüchen quer durch alle Konfessionen hindurch manchmal ein ungutes Drängen auf Heilungen zu spüren ist, mag eine Reaktion darauf sein, daß Rationalismus oft genug auch in christlichen Gemeinden zu jenem Unglauben geführt hat, über den sich Jesus in Nazaret wunderte (Mk 6,5).

Aber die Überwindung solcher Fehlformen geschieht nicht durch das andere Extrem, sondern dadurch, daß jeder nach seinem „Maß" vor Gott fragt und dieses voll einzubringen sucht (Röm 12,3 f). Ein Übereifer hingegen führt nur dazu, daß die *Gabe wichtiger wird als der Geber* und somit gerade ihre Zeichenfunktion verliert. Zudem ist zu beobachten, daß wie im geistlichen Leben des einzelnen so auch in Erweckungsbewegungen auffallende zeichenhafte Geschehnisse häufig am Anfang stehen, ohne daß man sie zum Maß für alle weiteren Phasen machen dürfte. Wo immer Menschen den Eindruck erwecken, daß sie über eine Heilungsgabe verfügen oder daß durch das rechte Gebet jede Krankheit zu beheben sei, unterliegen sie einer Täuschung oder täuschen andere, während Menschen mit einem echten Auftrag diesen in Bescheidenheit wahrnehmen und immer auf die Freiheit und Souveränität Gottes hinweisen werden (vgl. Apg 2,12.16). Diese Offenheit ist also kein Alibi für mangelnden Glauben, sondern ist überhaupt nur dem Gläubigen möglich.

Aus den genannten Gründen halte ich es nicht für glücklich, von einem „Heilungsauftrag der Kirche" zu sprechen, da er im strengen Sinn des Wortes – ähnlich wie Lk 10,9 – immer nur einzelnen und auch ihnen nur in einzelnen Fällen gegeben ist, während die Gesamtheit der Gläubigen nur den „Auftrag" hat, im Glauben an die Heilungsvollmacht Jesu für die Kranken zu „beten" (nicht: sie zu „heilen") (Jak 5,14–16). Dabei stehen sie unter der „Verheißung" (nicht dem „Auftrag"), daß hier und da „Geschenke von Heilungen" „folgen" werden (Mk 16,17 f; 1 Kor 12,9). Dann kann aus dem Heilungs-*gebet der* Kirche gelegentlich ein Heilungs-*auftrag in der* Kirche erwachsen.

5.10. Grundelemente des Gebetes um Heilung

Zusammenfassend läßt sich für die Praxis eine Grundstruktur des Betens für Kranke aufzeigen, die sich im lebendigen Vollzug nicht immer in dieser Unterschiedenheit und Reihenfolge ereignen wird, deren Elemente aber wenigstens einschlußweise enthalten sein müssen. Sie betreffen den Kranken in anderer Weise als jene, die für ihn beten, sind aber von allen zu beachten.

– Jeder Christ darf und soll jede Krankheit, auch scheinbare Kleinigkeiten, sei es klagend oder fragend, sei es in kindlicher Unbefangenheit, zu Gott bringen, so wie er ja alle Dinge seines Lebens Gott zeigen und mit ihm besprechen soll. Dies wird zwar häufig sofort in der Form der Bitte geschehen, aber der erste Schritt ist eigentlich nur die Klage und dieses Öffnen auf Gott hin, indem wir die jeweilige Situation in Beziehung zu Gott bringen. Darin liegt bereits das Vertrauen, daß Er, der nicht einmal einen Sperling vergißt (Lk 12,6), erst recht die Schmerzen jedes Menschen sieht.

– Aber *Gott sieht nicht nur* die Not, sondern macht sich in Christus mit ihr solidarisch und stellt sich an die Seite jedes Menschen. Als Zweites wird sich der Betende also bewußt machen, daß Christus selbst „meine Krankheit trägt“ (Jes 53,4) und meine Schmerzen zu seinen Schmerzen macht. Gott bleibt also nicht ein unbeteiligtes Gegenüber, so daß ich ihm Vorwürfe machen könnte, sondern macht sich gerade mit mir verwundbar und steht insofern neben mir. Über diesen Schritt sollte man nicht zu schnell hinweggehen, da er eine wesentliche Grundlage für das weitere Beten schafft.

– Der nächste Schritt ist die Annahme der gegenwärtigen Situation. Damit ist nicht gemeint, die Krankheit von vornherein als unabänderlich „hinzunehmen“, sondern ‚Ja‘ dazu zu sagen, daß sie zunächst einmal da ist und daß dieser Zustand als solcher auch von Gott umfangen wird, selbst dann, wenn eine konkrete Sünde die Ursache wäre. Der Mensch stellt sich also nun an die Seite dessen, der sein Leid auf sich genommen hat. Damit wird klarer, ob das Gebet echt ist oder als Abwehrmechanismus mißbraucht und in einem frommen Gewand die „Annahme seiner selbst“ – und das heißt auch seiner Grenzen – verweigert wird.

– Als Viertes ist zu fragen, ob der klare Glaube vorhanden ist, daß Gott *jede* Krankheit (sofort) heilen *kann* und daß er am Ende der Zeit „jede Träne abwischen wird“ (Offb 21,4). An dieser Stelle können sich verschiedenste Zweifel verbergen. Darum ist pastoral sehr wichtig, zunächst diesen „allgemeinen“ Glauben, der sich aus der allgemeinen Offenbarung ergibt, zu festigen (s.o. unter 5.3.).

– Von dieser Basis her ist es dem Menschen möglich, Gott auch konkret zuzutrauen, daß er in *dem vorliegenden Fall* heilen kann.

– Nun folgt der eigentliche Schritt zur Bitte um Heilung. Es ist sicher recht, wenn der Beter zunächst einmal in kindlichem Vertrauen Gott um Heilung *bittet.* Aber er wird sich bewußt bleiben, daß auch jetzt im Gebet der Klärungsprozeß weitergeht. Denn während des Betens muß sich zeigen, wie er und die mit ihm Betenden vorangehen sollen. (Wer freilich meint, christliches Beten sei nur Klärung der eigenen Situation vor Gott und nicht ein echter Dialog,in dem Gott in Freiheit und in geschichtlicher Weise antwortet, der muß sich fragen lassen, ob er damit nicht die ganze Heilsgeschichte auflöst und wie er noch von „aktuellen Gnaden“ reden könne.)

– Das Bitten wird also nicht ein pausenloses Hämmern sein, sondern muß immer wieder unterbrochen oder noch besser getragen sein von einem inneren Hören, wie der Geist selbst unser Beten führt. Denn hier wird die Grundhaltung eingeübt: „Dein Wille geschehe“. Sie beeinträchtigt in keiner Weise den Glauben an die heilende Macht Jesu, sondern schafft gerade einen Raum der Freiheit und Ehrfurcht, in dem die personale Beziehung zu Jesus erst voll zur Entfaltung kommt. Von Herzen gebetet ist diese Vater-unser-Bitte gerade ein Bekenntnis, daß Jesus der Herr meines Lebens und somit auch meiner Gesundheit ist. Denn es können sich nun im Gebet zwei Richtungen herausbilden:

– Es kann sein, daß wir allmählich eine innere Ermutigung erfahren, im Gebet fortzufahren, auch wenn nicht sofortige Heilung eintritt; das Motiv einer solchen Ausdauer ist dann nicht mehr nur die Angst vor dem Schmerz oder das Erbarmen der Umstehenden, sondern mehr und mehr ein innerer Einklang mit Gott, der uns hier und jetzt zum Beten um Heilung ermächtigt. Es bleibt dann trotzdem offen, in welchem Sinn Gott das Gebet für den Kranken fruchtbar machen wird. Hier müssen wir uns hüten vor einer vorschnellen Deutung des göttlichen Zuspruchs, den wir erfahren. Entscheidend ist, daß wir im Bitten selbst in Einheit mit Jesus Christus sind und in ihm den konkreten Maßstab finden.

– Denn es kann auch sein, daß die Betenden im Verlauf einer Bitte um Heilung allmählich innere Ruhe und Frieden erfahren; der Kranke spürt in sich die Kraft, das Leiden auch weiterhin zu tragen und somit den Auftrag, diese Kraft aus Gottes Hand anzunehmen. Wieviel inneres Wachstum hier geschenkt werden kann, ist gelegentlich gerade bei Schwerkranken zu beobachten, die für ihre Umgebung eine Quelle geistlicher Kraft werden können. Als Mittragen mit den Leiden Jesu (Kol 1,24) kann dann das Tragen der Krankheit zum Heil werden. Auch dies erfährt der Mensch als Zuteilung Gottes. Denn wer von uns könnte ermessen, welcher Weg in die tiefere Erlösung hineinführt und was für uns letztlich zum Heil wird? Das vertrauensvolle Gebet um Heilung ist dann von Gott sehr wohl gehört, aber nicht wörtlich „erhört“, sondern auf eine andere Weise beantwortet worden. Gewiß wird mancher Kranke im Gebet den Weg bis zu diesem Frieden öfter gehen müssen.

– Es kann aber auch sein, daß die Betenden keinerlei innere Führung erfahren, also weder eine geistliche Ermutigung zur Fürbitte noch zum Ertragen der Krankheit. Dann muß man innehalten und sich – vielleicht gemeinsam – fragen, warum das Beten geistlich unfruchtbar bleibt. (Dies ist wohl zu unterscheiden von geistlicher Trockenheit und „Wüste“, in welcher die Bezogenzeit auf Gott trotz fehlenden Trostes sehr deutlich bewußt ist.) Oft wird man erst hier darauf stoßen, daß vielleicht bis dahin noch nicht bewußt gewordene Sünden oder Fehlhaltungen das Gebet blockieren, so daß zunächst Buße wichtiger ist als Bittgebet (vgl. Mk 11,25; Mt 5,23; 1 Petr 3,7; 4,8; 5,5) – Buße nicht nur bei dem Kranken, sondern vielleicht noch mehr bei denen, die für ihn um Heilung beten. Zuweilen liegt der Fehler darin, daß Menschen ohne inneren Einklang mit dem Kranken und ohne konkreten geistlichen Auftrag für andere zu beten beginnen, rein aus menschlicher Emotionalität. Dies mag verständlich sein bei Menschen, die dem Kranken persönlich nahestehen, bei anderen wirkt es eher peinlich. Aufdringlichkeit und emotionales Hineinsteigern sind jedenfalls menschlich taktlos und entsprechen nicht der Atmosphäre der Heilungen, wie sie im Evangelium bezeugt sind. Solche Menschen müssen lernen, sich zurückzunehmen auf das ihnen zugewiesene „Maß“ (Röm 12,3; Eph 4,7).

Gebet um Heilung ist wie jedes Gebet vor allem ein Ort der Begegnung mit Gott, wobei diese personale Beziehung geprägt sein muß von einem Glauben, der Gott alles zutraut, und zugleich von einer Gelöstheit, die ihm in Freiheit alles überläßt. Doch wird der Menschensohn solch gläubiges Vertrauen antreffen (vgl. Lk 18,7)?